町口哲生
Tetsuo Machiguchi

教養としての10年代アニメ 反逆編

ポプラ新書
147

カバー装画　井上智徳
カバーデザイン　福村理恵（株式会社スラッシュ）

日では「アニメ」(Anime) という略称が一般的に用いられている。なお「動画」という名称もあるが、これはアニメーション作家の政岡憲三《まさおかけんぞう》により提唱されたものである。それ以外にも「線画」「繰画《そうが》」という呼称があったらしい。

こうして最初、海外から輸入・上映されたアニメーションは、日本人の手によって制作されるようになる。日本で作られた最も古いアニメーションは、一九〇七年頃の作品と考えられている作者不明のもので、二〇〇五年に発見された。これはセーラー服姿の男の子が「活動写真《かつどうしゃしん》」と書いたのち、ふり向きざまに帽子を脱ぎ、敬礼するわずか三秒のアニメーションで、セルロイドのフィルムに直に絵を印刷する「合羽版《かっぱばん》」と呼ばれる方法で作られた。

国産のアニメーション作品で作者名とともに明らかになっているものは、一九一七年に作られた次の三人の作品である。

下川凹天《しもかわへこてん》『芋川椋三《いもかわむくぞう》 玄関番の巻』
北山清太郎《きたやませいたろう》『猿蟹《さるかに》合戦』
幸内純一《こううちじゅんいち》『塙凹内《はなわへこない》名刀之巻』

このうち最後の幸内作品は、二〇〇七年、映像文化史などが専門の松本夏樹《まつもとなつき》により大阪の骨董市《こっとういち》で後半部のフィルムが発見され話題となった。その後二〇一四年、結核《けっかく》療養所であった南湖院《なんこいん》のコレクションから前半部が発見・追加され、約四分の完全版が復元された。内容は、ある侍《さむらい》が刀剣師《とうけんし》のもとを訪れたのち、刀の試し斬《ぎ》りのために按摩《あんま》と飛脚《ひきゃく》を襲うが……というものである。キャラクターの表情や動きがとてもユーモラスな小品である。

この三作品を国産アニメの源流とするなら、二〇一七年はちょうど誕生一〇〇周年にあたる。そのため『芸術新潮』（新潮社）の九月号にて特集が組まれ、アニメに造詣の深いとされる批評家三〇人に「日本アニメ一〇〇年の歴史の中で、もっとも重要だと思われる一〇作品を挙げよ」とのテーマで、アンケートが行われた。筆者もこれに参加し、次の一〇作品を選んだ。

政岡憲三『くもとちゅうりっぷ』（四三）
富野由悠季《とみのよしゆき》（義幸《よしゆき》）『機動戦士ガンダム』（七九～八〇）
大友克洋《おおともかつひろ》『ＡＫＩＲＡ』（八八）

押井守《おしいまもる》『GHOST IN THE SHELL 攻殻《こうかく》機動隊』(九五)
庵野秀明《あんのひであき》『新世紀エヴァンゲリオン』(九五～九六)
新海誠《しんかいまこと》『彼女と彼女の猫』(九九)
山村浩二《やまむらこうじ》『頭山《あたまやま》』(〇二)
新房昭之《しんぼうあきゆき》『魔法少女まどか☆マギカ』(一一)
幾原邦彦《いくはらくにひこ》『輪《まわ》るピングドラム』(一一)
本広克行《もとひろかつゆき》・塩谷直義《しおたになおよし》『PSYCHO-PASS サイコパス』(一二～一三)

選考理由の詳しいことは同誌の選評を参考にしていただきたいが、ゼロ年代(二〇〇〇～〇九年を指す)以降の作品に関してのみ、少し説明しておく。まず新海作品は、『ほしのこえ』(〇二)や『君の名は。』(一六)をあげてもよかったが、初期の短篇にすべてのエッセンスが詰まっていると判断し選んだ。またアート系では、川本喜八郎《かわもときはちろう》、久里洋二《くりようじ》、岡本忠成《おかもとただなり》などの作品も捨てがたかったが、現役作家から山村浩二の『頭山』を推《お》した。他方、ゼロ年代に制作された商業系のアニメからは、京都アニメーション制作の『涼宮《すずみや》ハルヒの憂鬱』(〇六、〇九)と『けいおん!』

（〇九～一二）など、数点が候補にあがったが、結局一〇年代アニメから三作品を選んだ。結局一〇年代アニメから三作品を選んだ。このうち『魔法少女まどか☆マギカ』は、前著の第1章、『輪るピングドラム』と『PSYCHO-PASS サイコパス』は、本書第2章と第7章で詳細に分析している。

国産のアニメーション一〇〇年の歴史をふりかえったとき、あるいは『機動戦士ガンダム』以降の数多くの作品と比較してみても、一〇年代に制作されたアニメ作品のテーマや内容は遜色《そんしょく》ないと思う。また映像を表現するテクノロジーの進化、とくにセルアニメーションのデジタル化とともに作品の質が高くなったこともあり、（少なくとも）筆者の評価が高いということがお分かりいただけたのではないかと想像する。事実、三〇人による名作ランキングの第五位には『魔法少女まどか☆マギカ』、第一二位には『君の名は。』がランクインしている。

もちろん、私の選考のうち前半五作品（他にも多数あるが）を通じた、温故知新《おんこちしん》の作業は必要である。しかしながら同時に、一〇年代のアニメを深く考えながら視聴すると、私たちの人生観を変えるような作品が数多くあり、それはそれで論じるに値することも事実であろう。

こうして一〇〇周年を祝われたアニメは、一八年に一〇一年目を迎える。どのような作品と出会えるか、とても楽しみである。

本書の方針

さて本書は、一〇年代のアニメをとりあげ「教養」で論じるものである。

教養とは何かに関しては、前著の「はじめに」において定義づけた。すなわち「教養」に関するラテン語・日本語・ドイツ語・英語の意味を示し、今日の教養とは「学問でありかつ、一〇年代後半に生きている現代日本人の文化理念に基づき、それによって養い育てられ、かつ自己を修めることが可能な文化」とした。要するにアニメはそれ自体が教養（文化）であり、同時に教養（学問）で分析するに足るものというのが、私の基本姿勢であり、本書もこれに準じている。

また私は前著で日本の商業アニメーション、すなわちアニメは単なる娯楽ではなく、英語でいう「インフォテインメント」(Infotainment)＝情報娯楽であると指摘した。これは「情報」(Information) と「娯楽」(Entertainment) の合成語で、情報をえることが楽しみとなるようなテレビ番組を指している。これをアニメ論に転用することで、アニメを情報と娯楽の二側面から分析できる。つまり①情報の部分は教養（学問）で分析し、②娯楽の部分は、視聴者が作品をどのように受容したかを研究するオーディエンス・スタディーズ（受け手がどのように番組を解釈したかを分析する研究）のアプローチが想定できるとした。そして私は①の情報に着目し、アニメの情報（≒文化）をいかに教養（学問）によって解析していくか、そのノウハウを示すとした。これも本書で継承する（以上の詳しいことは前著四〜一七頁を参考に）。

さて本書では一つだけ付け加えたい。

それは英語でいう「エデュテインメント」（Edutainment）＝教育娯楽である。

これは教育学ではかなり前から使われている用語で、「教育」（Education）と「娯楽」（Entertainment）の合成語である。たとえばプラネタリウムや科学館における学習、英語村（外国とほぼ同じ環境の中で英語学習を行う施設、大学が運営する場合が多いが、今日高校や小中学校へ拡がりつつある）での英会話など、遊びながら学ぶ体験型の学習を指す場合が多い。

したがって本書でも「娯楽」でありながら、従来それとは関係がないとされてきた「教育」として機能するようなアニメ論をも目指している。要するに、本書を読みながら、同時並行してそこでとりあげられた「インフォテインメント」のアニメを視聴したり、原作があればマンガ、ラノベ、ゲームなどにもアプローチしたりする。あるいは逆に、アニメがコミカライズされたり、実写化されたりした場合、そのマンガを読んだり映画を視聴する。要するに、アニメを「結節点」(Nord、結び目)として捉え、それらを遊びながら学ぶ過程で、ふと気づけば教養(学問)が身につき、大学レベルの「教育」としても機能するということである。

「インフォテインメント」から「エデュテインメント」へ。

とにかく楽しみながら「エデュテインメント」としてアニメを学ぶこと。これがこれから将来にわたるアニメ論やアニメ視聴の王道になるかもしれない。

本書の構成

以上のような観点から本書では、七作品をとりあげ論じることとする。なお作品の傾向から三部に分けたので、読者の興味あるパートから読み進めてもかまわない。

〈第1部　関係性（絆）〉

第1章では二〇一〇年から一一年にかけてテレビ放映された『STAR DRIVER 輝きのタクト』をとりあげる。まずアニメ界の最強コンビとして五十嵐卓哉《いがらしたくや》と榎戸洋司《えのきどようじ》の歩みを辿《たど》ったのち、本作がロボットアニメの新機軸であることを指摘する。また各論では、本作に登場する「綺羅星《きらぼし》十字団」、「四方《よも》の巫女《みこ》」、「フェーズ」、「リビドーと部分対象」（本編で詳述）といった四点のキーワードから、演出の美学や注目するキャラクターといった切り口で論じていく。さらに本作をボーイズラブ（BL、男同士の関係性）的な設定を入れた学園ロボットものとして位置付け、セカイ系（本編で詳述、前著一一～一二頁も参考）との構造的な比較を試みる。

第2章は一一年に放映され、幾原邦彦が一二年ぶりに監督し話題を集めた『輪るピングドラム』である。まずアニメ界のカリスマとして、幾原監督の過去作における演出上の仕掛けを指摘したのち、本作を前半と後半に分けて分析する。前半は「記号」表現と決めぜりふ、バンクシステム（詳細は本編で論じるが、変身シーンなどによく使われる表現手法）といったポップさを彩る仕掛けを解析する。後半はダークな世界に突入するが、宮沢賢治《みやざわけんじ》の『銀河鉄道の夜』との関係、作中における「運命」と

「95」という言葉が意味するものを論じた上で、作品のテーマについて考えていく。

第3章も引き続き幾原邦彦の監督作をとりあげる。すなわち二〇一五年にテレビ放映された『ユリ熊嵐《くまあらし》!』である。この作品も「記号」表現、決めぜりふやバンクシステムの演出が魅力なので、前作と比較しながらまず分析する。しかし本作には「表層の戯《たわむ》れ」(目に見える表現)の次元のみならず、それとは異質な深さや厚みの次元があると指摘した上で、文学作品との関係というルートを辿り、「クマ」と「嵐」といったキーワードからその次元にアプローチする。また本作は「百合《ゆり》」(ガールズラブ、GL)という女同士の「スキ」を扱った作品でもあるので、「百合」文化に関しても論じる。

〈第2部　人間ドラマ〉

第4章は二〇一三年に第一期がテレビ放映され熱狂的な支持を集めた『ラブライブ!』である。まず導入部ではAKB48と『ラブライブ!』のアーキテクチャ(設計思想)を比べてみた。その後、第一期と第二期との違いを、脚本術と個々の逸話とで比較する一方、キャラクターは役割分担、「共感」という現象は脳科学、声優ライブは「二・

五次元文化」（おわりにでも詳述）の各文脈で捉える。次に本作と他のアニメ作品の「グループアイドルもの」との違いを、原作・アイドルの種類・声優と歌との関係という三点に絞って比較・考察する。そして現実のスクールアイドルや大阪のローカルアイドルの実情の紹介をへて、最後は劇場版における「自分探し」のテーマや続編におけるローカルアイドルの側面を考える。

第5章では人間ドラマ＝「群像劇」繋がりで一〇年に第一期が放映された『デュラララ!!』をとりあげる。まず各論として、都市伝説の「デュラハン」、カラーギャングの「ダラーズ」や「黄巾賊《こうきんぞく》」、妖刀《ようとう》の「罪歌《さいか》」を分析する。また第二期以降を簡略に整理し、総論としてアウトローの競演や、舞台である池袋のエスノポリス（民族都市）的な側面を明示する。なおこの章では一〇年代の地域密着アニメや、その舞台を追体験する聖地巡礼に関して、観光社会学の「コンテンツツーリズム」の知見や若手評論家の考え方を援用しながら分析を試みた。

〈第3部　正義と悪〉

第6章は一一年にテレビ放映された『ＴＩＧＥＲ ＆ ＢＵＮＮＹ』である。この作品は、NHKが放映した番組「ニッポンアニメ100」における視聴者の人気投票で一位を獲得したように、国民的アニメとなった。その人気の理由を七点に整理し、たとえば「会社勤めのヒーロー」など、さまざまな角度から作品の魅力を捉えたい。また各論として、作中に登場するアンチヒーローであるルナティックという存在がもたらす効果、メディア・イベントとしてのHERO TV（作中の架空のテレビ番組）の機能、本作の舞台である架空の都市・シュテルンビルトの地政学に着目し解析していく。そしてテレビシリーズの人気を受けて劇場版が公開されたので、その映画に登場した犯人の復讐が善か悪かといったテーマを考える。なお本章では日本のヒーローものにカテゴライズされる他のアニメ作品との比較や、ハリウッド映画におけるアメコミ・スーパーヒーローものの新傾向などの紹介をへて、一〇年代の「正義」に関する言説へのアプローチを行った。

最後の第7章では一二年から一三年にかけて第一期がテレビ放映された『PSYCHO-PASS サイコパス』をとりあげる。まず本作では（第一期のテレビ放映年からみて）一〇〇年後の未来社会に至るプロセスが細かく設定されているので、「未来学」の観点からその過程を分析する。また本作は数多くの書籍が引用されているが、すべてを語ることは紙幅の都合で無理なので、第七話におけるシェイクスピアとキルケゴール、第一九話におけるウェーバー、ベンサム、フーコーらのそれに限定し、それらの引用にどのような意味があるかを考える。そして「法が人を守るんじゃない。人が法を守るんです」という本作のヒロイン・常守朱《つねもりあかね》の有名なセリフや、作中で実現可能と思われるテクノロジーを考察・解析したのち、「集合的サイコパス」という概念が示された第二期や、海外を舞台とした劇場版にも言及する。

なお本書の特筆事項は前著と同じであるが、三点ほど明記しておく。

第一に、印象を語ることはできるだけ慎み、教養（学問）を参照しつつ今一度作品（＝文化）を組み立て直すことに主眼を置く。アニメ論を執筆するということは、その作品に内在する可能性に着目し、そのアニメを生き直すことだからである（この「組み立て直し」→「生き直し」というコンセプトは、アメリカの比較文学者ガヤトリ・C・スピヴァクの「学び直し」という概念から示唆を受けたもの、前著二三〇～二三一頁および本書あとがきを参考）。

第二に、論の展開上仕方がない場合を除き、ネタバレはなるべく避ける。これは作品を観ていない方の楽しみを保証するためである。

第三に、新書というメディアなので、一般読者の存在を考える。したがってジャンル批評を適宜導入しつつ分りやすく作品を論じていく。

本書のおわりにおいて、今回は二・五次元文化としてのアニコス（アニメのコスプレのこと）論を展開した。興味のある方は本文を飛ばしておわりにへ向かうルートを取っていただいてかまわない。そしてしかるのちに本文を読み進めてみてほしい。

教養としての10年代アニメ　反逆編／目次

第1部

関係性（絆）

第1章 『STAR DRIVER 輝きのタクト』未来拡張とネオセカイ系

アニメ界の最強コンビ

一〇年代のアニメには、ポップな作風と独特な美意識で彩られたオリジナル作品が散見する（オリジナルとは原作のない作品のこと）。その代表例の一つが、「綺羅星《きらぼし》」の合い言葉で一世を風靡《ふうび》し、二〇一〇年から一一年にかけてテレビ放映された『STAR DRIVER 輝きのタクト』（以下『スタドラ』）である。未見の方は、一三年に公開された劇場版『スタードライバー THE MOVIE』を観て、全体像を把握することもお勧めである。

スタッフはアニメ界の最強コンビと称される五十嵐卓哉《いがらしたくや》と榎戸洋司《えのきどようじ》。簡略に二人のプロフィールを紹介しよう。

まず監督の五十嵐は、高校卒業後、東映アニメーション在籍中に『美少女戦士セーラームーン』や『おジャ魔女どれみ』シリーズなどで演出に携わった。同社退社後はフリーで『桜蘭《おうらん》高校ホスト部』（〇六）をへて本作、その後は『キャプテン・アース』（一四）、『文豪ストレイドッグス』（一六）など、ボンズという制作会社の作品を手がけている。

この四作のシリーズ構成や脚本を担当したのが榎戸である。榎戸は、『ＦＬＣＬ《フリクリ》』（〇〇）、『忘却の旋律《せんりつ》』（〇四）、『トップをねらえ２！』（〇四）などガイナックス関係の仕事でも注目を浴びた（一七年の『龍の歯医者』でも脚本担当）が、彼はそれ以前に『少女革命ウテナ』（九七）でシリーズ構成を担当した。この作品の監督・幾原邦彦《いくはらくにひこ》とは高校時代からの友人であるという。

監督の五十嵐も東映時代に幾原と仕事をともにしており、五十嵐×榎戸の作品は、幾原作品にみられる演劇的な手法や奇抜な演出（外連味《けれんみ》）などを見いだしうる（第２章と第３章参考）。要する

に独特な映像美学に裏打ちされたアニメ界のトップランナーがこの三人（加えると『魔法少女まどか☆マギカ』で有名な新房昭之《しんぼうあきゆき》も）ということができるので、本書の第3章まで彼らの作品をとりあげることとする。

さて二クール全二五話からなる『スタドラ』の舞台は、日本の南海に浮かぶ南十字島《みなみじゅうじとう》である。この島に、あらゆることにポジティブなツナシ・タクトが本土からやってきて南十字学園高等部に入学する。島ではシンドウ家の跡取りであるシンドウ・スガタと、その許嫁《いいなずけ》で皆水《みなみ》の巫女《みこ》（本作における巫女については後述）であるアゲマキ・ワコと友人となり、この三人が「トリアーデ」（Triade、三つで一組）となって物語は展開する。ところがこの島の地下（廃坑《はいこう》となった金山の跡地）には、古代銀河文明が残した遺跡が存在し、「ペルソナ」（Persona、仮面のこと、スイスの心理学者カール・グスタフ・ユングは人間の外的側面をこう呼んだ）を被った綺羅星十字団と称する秘密結社が策動していた。彼らの目的は封印されているサイバディと呼ばれる人型ロボットの力を解放することであるため、封印を守護していた四方《よも》の巫女（四人の巫女）が狙われることとなる。

要するに南十字島および住民には二面性があり、表の青春を謳歌《おうか》する南十字学園高等部を中心とした世界（光の王国）と、裏で暗躍する綺羅星十字団の世界（闇の王国）が交差するわけである。

そして銀河美少年と名付けられた主人公のタクトは二三体目のサイバディであるタウバーンに搭乗して、綺羅星十字団の団員が乗る他のサイバディと、時間が止まったゼロ時間（設定については後述）内で戦い、最終的に自らを犠牲にしようとしたスガタを救う（なおサイバディに乗って戦う者たちをスタードライバーと呼ぶ）。この意味でタクトは外部の「常世《とこよ》の国」から来訪して王を救う「マレビト」（客人）と捉えることが可能だと思う。この「マレビト」とは、民俗学者の折口信夫《おりくちしのぶ》の用語で、他界から来訪する霊的な存在を示す。有名な「貴種流離譚《きしゅりゅうりたん》」（高貴な血筋の者が旅だち、艱難辛苦《かんなんしんく》を克服するといった説話）を生む母胎《ぼたい》となった。

設定が細かいので図を示しておこう（**図1-1参考**）。

ロボットアニメの新機軸

まず総論として、日本のロボットアニメの歴史をごく簡単にふりかえってみよう。

七〇年代前半のロボットアニメは、七二年の『マジンガーZ』（永井豪《ながいごう》原作）に象徴

図1-1

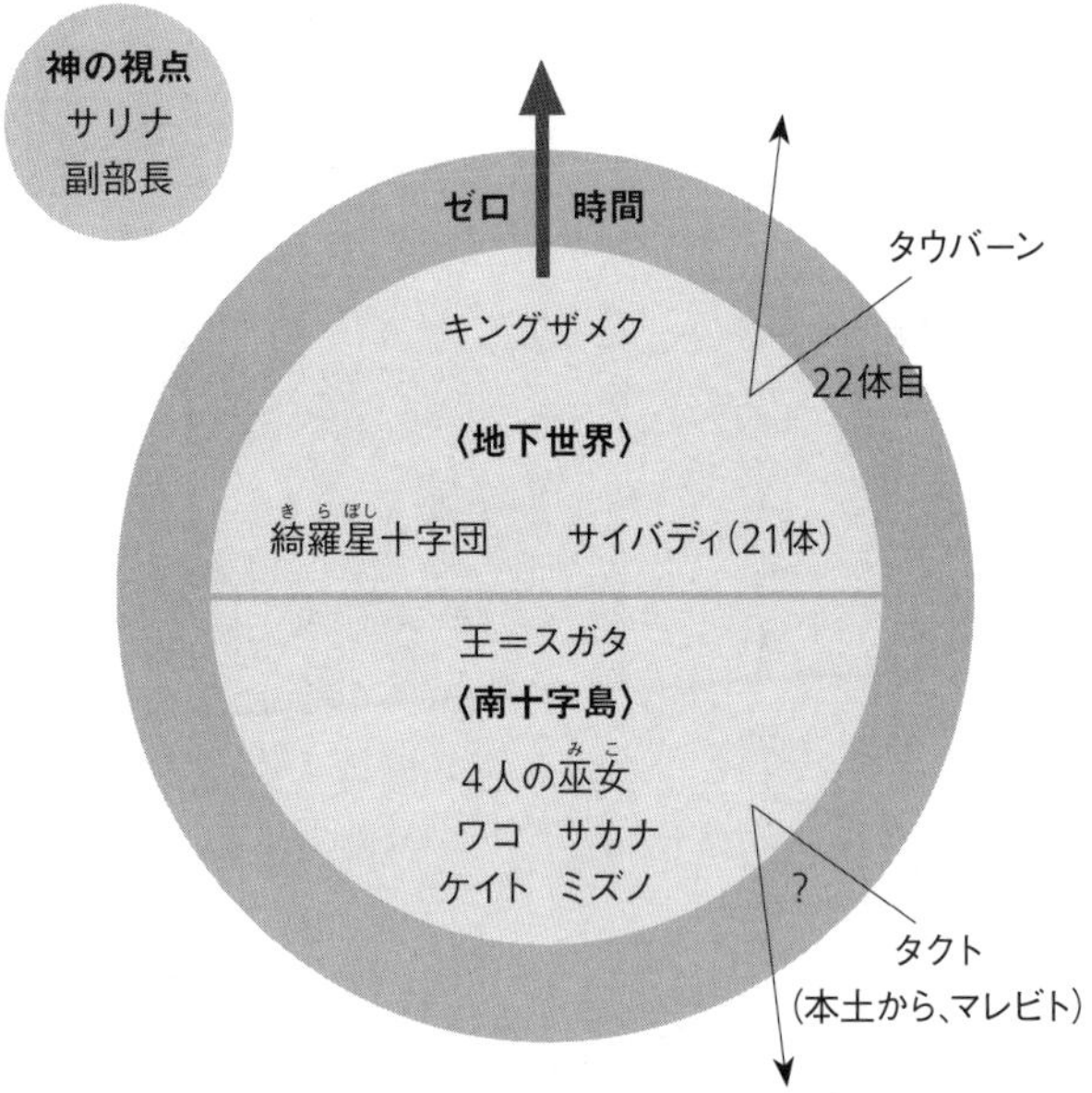

＊巫女の封印が解かれるとフェーズが上がる。
第1フェーズ：特殊能力によりサイバディの起動が可能な段階
第2フェーズ：電気枢を使ってサイバディを遠隔操縦できる段階
第3フェーズ：サイバディに直接乗り込むことができる段階
第4フェーズ：サイバディそのものとなり一体化する段階

＊ワコ－タクト－スガタの関係は、以下の反復となっている。
ソラ（タクトの母）－トキオ（タクトの父）－リョウスケ（ソラの婚約者）
ハナ（タクトの初恋の相手）－タクト－ナツオ（タクトの昔の友人で故人）

されるスーパーロボット系が人気をえたが、その後の影響という意味では、七九年の富野由悠季《とみのよしゆき》（義幸《よしゆき》）監督による『機動戦士ガンダム』が火付け役となり、八〇年代前半まで続いたリアルロボット系が重要であることに異議は出ないであろう。

高橋良輔《たかはしりょうすけ》監督がキリコという類い稀《まれ》なキャラクターを造形し、ガンダムでは世界観の一部に過ぎなかったミリタリーを軸にした『装甲騎兵《そうこうきへい》ボトムズ』もこの系統に含まれるが、この二作の共通点は、戦争を「シリアス」に描いたロボットアニメだったということだ。その後、「マクロス」シリーズや、押井守《おしいまもる》監督の『機動警察パトレイバー』といった重要作が次々と生まれ、九五年には第三次アニメブームの火付け役となった庵野秀明《あんのひであき》監督による『新世紀エヴァンゲリオン』が、評論家や、ふだんはさほどアニメに関心を持たない一般の人々を巻き込み社会現象となった。

ゼロ年代にはいると、〇一年の九・一一同時多発テロ以降の「世界内戦」状況を反映した『機動戦士ガンダム００《ダブルオー》』や『コードギアス 反逆のルルーシュ』といった作品が人気をえたが、これらも（後者は学園ネタの楽しい回もあったが）戦争を「シリアス」に描いたロボットアニメであることは変わりがない。

これらの歴史を踏まえた上で、榎戸はインタビューにおいて「明るく楽しいロボットアニメ」「さわやかなロボットアニメ」「もう少し主人公寄りのヒーローチックなロボット物が出来ないかと考えていたときに、『銀河少年』という言葉を思いついた」という。その後、「思い切って『美』を入れてみた」結果、銀河美少年というコンセプトが生まれ、五十嵐監督の宝塚《たからづか》好きも相俟《あいま》って、耽美《たんび》的でポップな本作が制作されたという。

このように説明すると、未見の方から「『シリアス』に描いた作品でないのなら観るまでもない」と即断されそうだが、そこは五十嵐×榎戸コンビの作品なので杞憂《きゆう》である。これまでのロボットアニメの歴史を刷新するだけでなく、哲学、民俗学、精神分析学といった学問で分析するに足る良質なインフォテインメントであるというのが私の見解である。

そこで以下、各論で「綺羅星十字団」、「四方の巫女」、「フェーズ」、「リビドーと部分対象」といった四つのキーワードを解析した上、演出の美学や注目するキャラクター、ネオセカイ系（後述）といった切り口で論じていきたい。

薔薇《ばら》十字団と綺羅星十字団

本作に登場した綺羅星十字団は、ネーミングからして一七世紀初頭に登場した「薔薇十字団」（Rosenkreuzer）をひな形にしていると考えうる。

薔薇十字団は、二つの小冊子と『化学の結婚』の刊行を契機としてあっという間に欧州に拡大した有名な秘密結社である。『化学の結婚』は、ドイツの作家ヨハン・ヴァレンティン・アンドレーエによるもので、薔薇十字団の開祖クリスチャン・ローゼンクロイツを主役とした小説である。

小説といっても幻想小説であり、賢者の石を手にした伝説の錬金術師ヘルメス・トリスメギストスが著したとされる「ヘルメス文書《もんじょ》」に基づく神秘主義思想、つまりヘルメス主義的な知識がちりばめられ、錬金術の「寓話《ぐうわ》」（アレゴリー、Allegory）が語られ非常に読みやすい。ぜひ読んでいただきたいのだが、一般的に薔薇十字団はグノーシス派（古代の地中海で勢力を張った哲学的思想で、善と悪、霊と物質といった二元論が特徴）を経由したストア哲学の思想が認められるという。

フランスの研究者ロラン・エディゴフェルの解釈にしたがえば、「宇宙は生きた組織であり、体・霊・魂を具《そな》えている」。また人間は植物的な魂と動物が有する感覚的な魂を持っているが、その上、知的な魂も有する存在である。そして世界は人間の世界以外に、精霊や天使の世界があり、この世界を囲繞《いにょう》する（取り囲む）だけでなく、神のところまで拡がっている。「しかしながら不幸なことにこの二つの同心円状の世界には断絶がある。上位にあり包みこんでいるほうの世界、神の世界は光の王国で、闇の王国とは切り離されている。後者は下位の世界で悪しき執政官《しっせいかん》に統治されている。彼は創造主に反抗し、この世のプリンス（注、悪魔のこと）に身を捧げている」という。

　綺羅星十字団にグノーシス派を経由したストア哲学の影響があるといいがたいのはたしかである。しかしあえてこのシェーマ（図式）で読むなら、闇の王国の悪しき執政官にあたるのは、綺羅星十字団の第二隊・バニシングエージのヘッドであろう。彼は光の王国に対してザメク（本作最強とされる王のサイバディ）を復活させる陰謀《いんぼう》を企《くわだ》てる人物である。もちろん彼の動機は、戻りたい過去に遡《さかのぼ》りタイムトラベラーになるという個人的なものに過ぎないが、封印を守護していた四方の巫女を次々と陥《おとしい》れ、最終話ではシンパシーというサイバディに搭乗し、スガタが乗るザメクを支配するなど、じつに悪魔に身を捧げたような所行を繰り返した（**図1-2参考**）。

図1-2　綺羅星十字団

隊名	代表者・特筆事項
第1隊 エンペラー	キング（スガタ）、第23話まで空位
第2隊 バニシングエージ	ヘッド（ミヤビ・レイジことツナシ・タクトの父トキオ）、最大派閥で団員が多く、マンティコール（日《に》死《し》の巫女であるヨウ・ミズノの姉マリノ）も所属
第3隊 ブーゲンビリア	イヴローニュ（ニチ・ケイト）、ひが日死の巫女
第4隊 おとな銀行	頭取（ワタナベ・カナコ）、サイバディを平和的に管理するためその研究を資金面で援助
第5隊 フィラメント	スカーレットキス（シナダ・ベニオ）、学生寮の寮長兼剣道部の部長
第6隊 科学ギルド	プロフェッサー・グリーン（オカモト・ミドリ）、学園の保険医、大学研究員らの手でオーバーフェーズ・システムなどを開発

　また綺羅星十字団の第六隊・科学ギルドは、オーバーフェーズ・システム（後述）を開発したが、薔薇十字団に関心を抱いた人物の一人にイギリスの物理学者で万有引力説を唱えたアイザック・ニュートンがいる。

　ニュートンが密かに「錬金術」の研究を行っていたことは有名な話で、SF作家アーサー・C・クラークがいうように「科学は魔術の発展形」とみなすことが可能にも思われるが、同じように科学ギルドが作り出したオーバーフェーズ・システムは、サイバディのフェーズを上昇させ、三・五フェーズという人為的なフェーズを示した（フェーズに関しては後述）。これによりサイバディと人間との融合が果たされたわけである。

これは「錬金術」、すなわち金《きん》に限らず多種多様な物質や、人間の肉体や魂をも対象として、それらをより完全な存在に錬成する試みである、と捉えることも可能だろう。

四方の巫女と硯

このフェーズと関連して、南十字島の封印を守護していた四方の巫女の存在が重要性を帯びてくる。

四方の巫女は、島の東西南北の封印を守るという使命を帯びている。〝ひが日死《にし》の巫女〟であるニチ・ケイト、〝日死《にし》の巫女〟であるヨウ・ミズノ、〝皆水の巫女〟であるワコ、〝気多《きた》の巫女〟であるサカナちゃん（劇場版でヒョウ・マツリという本名が判明）の四人がそれで、四人の身体には巫女のシルシが刻印され、そのシルシの封印を破ることがヘッドらの目標となっている。

日本の民俗学の祖である柳田國男《やなぎたくにお》の「巫女考」によると、巫女は二種類に分類できるという。すなわち、①白い着物に紅《くれない》の袴《はかま》をはき、鈴を振って舞い、湯立《ゆだ》ての神事《しんじ》に関わる「神社の巫女」と、②死霊《しりょう》や生霊《いきりょう》を降ろして語る「口寄《くちよ》せの巫女」である。

また柳田の「妹《いも》の力」によると、②の口寄せの巫女にあたる職業の巫女以外に、③何らかの奇瑞《きずい》（めでたいことの前兆として起こる奇怪な現象）を生む、もしくは神が憑依《ひょうい》する「神姥《かみうば》」がいるという。要するに巫女には三種類のタイプがあるということである。

この考えを援用すると、皆水の巫女であるワコは、①の「神社の巫女」に分類できる。というのは島で唯一残っている皆水《みなみ》神社で禊《みそ》ぎ等の神事を行う巫女だからである。また、ひが日死の巫女であるケイトの家も曽祖母《そうそぼ》の代まで神社があったという設定なので、このカテゴリーにはいるだろう。

他方、日死の巫女であるミズノは、鳥と会話できたり、自ら編み出した「大丈夫」を意味する呪文「カタミ、ワカチタ、ヤガダンセ」（逆から読むと千駄ヶ谷、立川、三鷹）を唱えることにより、タクトの勝利を呼び込んだりした。これらの事実から③の何らかの奇瑞を生む「神姥」に分類できる。また気多の巫女であるサカナちゃんも、太古の記憶を有し「イカ刺しサム」の物語（「イカ刺しサム」というオリジナルの寓話）をヘッドに語り聴かせるので、ある種の神が憑依する「神姥」と考えることができる。

じつはリアルタイムで視聴した際、これらのことを考えていたのだが、のちにシリーズ構成を担当した榎戸のコメントを読み、この解釈は的を外していないということが確認できた。榎戸曰く「皆水の巫女とひが日死の巫女は『表巫女』……気多の巫女と日死の巫女は『裏巫女』であり、それぞれ火山島、日没そのものを自然崇拝的に信仰の対象としていたので、もともと神社もなく、ほとんどの島民は裏巫女が実在している事すら知りません」。

「表巫女」とは柳田がいう①の「神社の巫女」、「裏巫女」とは③の「神姥」といいかえてもかまわないと思われるが、巫女が登場する他のアニメ作品と比べて、四方の巫女の設定はよく練られているなと改めて感心した。

ところで「巫女」は、女性だけに特有の存在であろうか。

民俗学者の川村邦光《かわむらくにみつ》がいうように、「柳田は女性の『感動しやすい習性』や『霊に憑《つ》かれる習性』が『異常心理の作用』を示すとして、女性に先天的にあると想定された特殊な心理・性格や資質に、霊力を現わす根拠」を求めるきらいがあり、その結果、「巫女」を女性に限定して考えていた。ところが日本の歴史をふりかえるなら、かつて「巫覡《ふげき》」（かんなぎ）と併称されたように、「覡《かんなぎ》」（読みは「みこ」でも可）と呼ばれる男性版の巫女が存在していた。彼らは神を祀《まつ》り、神楽《かぐら》を奏したり「神降ろし」（神霊を憑依させること）をしていたようで、神社に属した場合、宮司《ぐうじ》を補佐する「禰宜《ねぎ》」より下級の神職だったという。

この見解に沿って『スタドラ』を観た場合、島の名家・シンドウ家（シンドウは神《しん》道由来《とう》の家名だと想像する）に生を受け、自らの命を代償にザメクを封印しようとしたスガタは、「覡」と呼ばれる男性版の巫女と捉えることが可能であろう。

キャラクターデザインを担当した伊藤嘉之《いとうよしゆき》が、スガタは「ある意味ヒロイン」であると述べていたが、これには二重の意味がある。一つは後述するタクトとのＢＬ的な関係性におけるヒロインという意味。もう一つは今述べた男性版の巫女である「覡」という意味である。

後者の解釈でいうなら、本作には五人の「巫覡」（かんなぎ）が存在し、南十字島の封印を守護していたとまとめることができる。

巫覡とフェーズ

さて先述したフェーズを簡略に整理しよう。

英語の「フェーズ」(Phase)とは、名詞では①物事の様相、②(変化過程における)位相・段階・局面、また動詞では①同調させる、②段階的に動くなどの意味がある。本作の場合、巫女の封印が解かれるとフェーズが上がるという設定なので、名詞②の段階の意味で、サイバディがレベルアップするということである。

まず第一フェーズは、すべての封印がなされている段階である。

この段階ではサイバディの起動はできないが、搭乗者は特殊な能力を有しており、たとえばヘッドの場合、タクトの父であるにもかかわらず若者の外見をしている。同様な能力はプロフェッサー・グリーンも有しており、若返りの能力によって逆ハーレムを作ったが、強力なエネルギーのため地震を起こしてしまうという反動があった。このような反動はスガタにもあり、第一フェーズの「王の柱」と呼ばれる能力が発動すると意識を喪失してしまう。登場人物の能力によっては反動がない場合も多いが、各能力のバラエティ豊かさも作品の魅力となっている。

次に第二フェーズは、「電気枢《ひつぎ》」というコックピットに搭乗してサイバディを操縦できる段階である。この段階へは、気多の巫女であるサカナちゃんの身体に刻まれている巫女のシルシの封印を破ることで達した。

ところでこの「電気枢」は、アメリカのSF作家フィリップ・K・ディックの『アンドロイドは電気羊の夢を見るか？』からの引用であるが、文学理論の「相互テクスト性」(Intertextuality、すべての作品は他の作品の吸収と変形からなるという考え）の観点から述べると、サイバディのドライバーが唱える「アプリボワゼ」(Apprivoiser）はフランス語で「飼い慣らす・手なずける」という意味で、フランスの作家サン＝テグジュペリの『星の王子さま』におけるキツネとの逸話からの引用。またサイバディが戦う「ゼロ時間」は、イギリスのミステリ作家アガサ・クリスティーの『ゼロ時間へ』から着想をえたと思われる。本作はオリジナルといえども、他のテクストからの引用から成り立っているともいえる。

話を戻そう。タクトは最初から第三フェーズ、すなわち銀河美少年（サイバディと一体化した者を指す）としてサイバディに直接乗り込むことができる段階にあったので、日死の巫女であるミズノの封印が解かれるまでは、たとえ窮地《きゅうち》に追い込まれようとも敵よりもフェーズは上なので、勝利は予想できた。ところが第一六話で封印が破られると、ヘッドは同じ第三フェーズに至ったのでタクトはかなりの苦戦を強いられた。

こうして綺羅星十字団は「電気柩」を用いずともサイバディを操縦できるようになったが、今度は本物のシルシを持つ者しかサイバディに搭乗できなくなる。また先述したように科学ギルドがオーバーフェーズ・システムを開発し、三・五フェーズという人為的な疑似局面を切り開くなど、終局に向けて視聴者を飽きさせない仕掛けを施した。

そして第二二話の「神話前夜」をへて、第四フェーズへとステップアップしていくが、この段階はドライバーがサイバディそのものとなり一体化する最終段階である。ネタバレご免ということで結末は曖昧《あいまい》に記しておくが、ひが日死の巫女であるケイト、皆水の巫女であるワコ、そして覡であるスガタの三人が関わってくる。以上のように、四方の巫女&スガタと、フェーズとには深い関係性があるのだが、じつは特殊な能力を発揮したり、サイバディを動かしたり、スターソードを振るって戦うドライバーたちのエネルギーは作中で「リビドー」と呼ばれている。

リビドーと部分対象

周知のように「リビドー」（Libido）とは、人間に備わっているとされるエネルギーのことで、オーストリアの精神分析学者ジークムント・フロイトが理論付けた。この理論は有名な「欲動《よくどう》理論」（人間を常に行動へと向ける無意識の衝動に関する理論）とともに発展したが、私たちが有するとされる性の欲動は、性的興奮の領域に起こる経過や変化において現れ、その根底にあるのが「リビドー」というエネルギーである。

フロイトの「性欲論三篇」によると、この「リビドー」は心的過程一般の基礎をなしているエネルギーからは区別され、量的に変化しうる（たとえば増減する）力でもあるという。つまり私たちが「性の対象」を占有するに至ったとき、「リビドー」はその対象に向かい「対象リビドー」（Object Libido）となり、「リビドー」が「生産、増大または減少、配分および移動」するわけである。これが「愛」という名で理解されている私たちの性の欲動というものだ、とフロイトは考えた。

では「リビドー」が増大する時期はいつであろうか。

それは第二次性徴《せいちょう》（成長）期、いわゆる思春期である。第二次性徴期は平均的に、男子は一一歳半ば、女子は一〇歳からはじまり、徐々に生殖能力を有するようになり、子どもから大人への心身の変化が起こる。この過程で性の欲動が起こり、「リビドー」が増大していくわけである。私たちが異性もしくは同性を「性の対象」として意識しだすのが中高生の時期であるので、フロイトが仮定した「リビドー」論は理解しやすいと思うが、この理論で使われた用語が『スタドラ』に採用されたわけである。

本作を視聴して興味深かったのは、第一八話で昏睡《こんすい》状態のスガタに対してひが日死の巫女であるケイトがおつとめをするシーンであった。「リビドー」は通常私たち個々人が生産し解放するものだが、この場面では他者へとシェアできるという設定である。その結果、ケイトのスガタに対する幼少期からの想いが象徴的に表現され、スガタをキングの座に据えるという終局に向けての展開を納得のいくものにした。

それはともかく、サイバディは「機械」（マシン）としてのロボットとはいいがたいという考え方も成立すると思われる。つまりドライバーの「リビドー」をエネルギーの源泉としてサイバディが起動し、独自の形態と能力をえるのなら、それを「生き物」と捉えることもできるということだ。

このある種の「バイオロボット」（生体ロボット）という設定自体は、たとえば

『ゾイド』シリーズや、見方を変えれば『新世紀エヴァンゲリオン』や『天元突破《てんげん》グレンラガン』など日本のロボットアニメには多々みられ珍しくはないが、九〇年代に社会学者の上野俊哉《うえのとしや》が指摘したように、「バイオロボット」を含めロボットは精神分析学でいう「部分対象」（Partial Object、または対象a）と考えることもできる。

この件に関する有名な理論、つまり（一般的に難解とされる）フランスの精神分析家ジャック・ラカンの「L図」や、スロベニアの哲学者スラヴォイ・ジジェクの「欲望のグラフ」を詳述する余裕はない。そこで本作を例に「部分対象」の解説を試みる。

まずタクトという主体は乳児期に母のソラという鏡に自己を映し自己認識をえていた（鏡像段階《きょうぞう》）。ところがその後、ソラは祖父のイクロウにタクトを預けて行方不明となり、結果としてタクトの自我は危機に陥った（と想像する）。そして「大文字の他者」（Grand Autre、生まれた以上必ず受け入れないとならない第三者）である父がヘッドとして、銀河美少年たる彼の前に立ちはだかる。そこで「部分対象」たるサイバディに搭乗して戦い、大文字の他者である父や世界秩序と出会うわけであるが、このサイバディがラカンやジジェクが注目した「部分対象」というものである。

難解？　ではもう少し「部分対象」をかみ砕いて説明してみよう。

ラカンやジジェクはフロイト派なので、フロイトの方向に戻って説明を加えると分かりやすい（ラカン曰く「フロイトに帰れ」）。私たちが通常有する、男性の場合は陰《いん》茎《けい》、女性の場合は乳房《ちぶさ》が、その「部分対象」である。そしてその陰茎や乳房にあたるものが、本作の場合、「リビドー」をエネルギー源としたサイバディというある種の「バイオロボット」であり、タクトたちドライバーはこの「部分対象」（要するにでっぱった部分）であるロボットに搭乗して戦っているのだ、と考えうるということだ。

日本のロボットアニメにおけるロボットが、しばしば搭乗者の「身体拡張」と考えられてきた歴史がそれを裏打ちする。そして身体が拡張するということは、搭乗者に潜在する闘争心がかき立てられるので「精神拡張」（例：『機動戦士ガンダム』『新世紀エヴァンゲリオン』）にも繋がり、さらにいえば「未来拡張」にも繋がると仮定したのが『スタドラ』である。では本作で示された「未来拡張」とはどういう概念かを、演出の美学と関係させて検討してみよう。

演出の美学

演出の点で特筆すべきは、キャラデザとメカニックのデザイン、およびゼロ時間内でのタクトの変身や戦い方だと思う。

まずキャラデザは、イラストレーターの水屋《みずや》美沙《みさ》・洋花《ひろか》（姉妹）が描いた原案を伊藤嘉之がアレンジした。監督の要請は基本的に「細マッチョ」ということだったらしく、本作の男性キャラクターは、八頭身、手足が長く細身なのに引き締まった体型に造形されている。

たとえば主人公のタクトの場合、何事にも前向きな性格という設定なので、ふだんから王子様キャラクターなのだが、戦闘時には赤髪に金色に輝くメッシュがはいり、白色をベースに朱色のはいった光り輝く衣装＝「トラヘ・デ・ルーセス」（Traje De Luces、スペインの闘牛士《とうぎゅうし》・マタドールが着用）あるいは王子様が着るような衣装に変身し「銀河美少年」になる。綺羅星十字団の男性キャラクターの隊服は黒色を主体としたものなので、コンストラストが鮮明となり一層王子色が強まる。

他方メカデザは、〇四年の『トップをねらえ2！』でバスターマシンなどのデザインを担当したコヤマシゲトが手がけたデザイン画を元に、他のアニメーターが清書し、それを再びコヤマがチェック・修正して完成したという。

タクトが搭乗するサイバディのタウバーンの場合、ドライバーと同じように細身で、白色をベースに朱色のはいったマタドールや貴公子《きこうし》のようなイメージの造形となった。タクトの金色に輝くメッシュに相当するのが頭部の羽根飾りであろう。

タクトはゼロ時間内で戦う際に、タウバーンに乗り込み「銀河美少年」に変身するのだが、特定のシーンの動画や背景を「バンク」（銀行）のように保存し、別の部分で流用する「バンクシステム」（Bank System、略はバンク、変身シーンに多い）のスタイリッシュさは、東映アニメーション時代の『美少女戦士セーラームーン』仕込みであろう。

まず胸のシルシが光を放つと、普段着姿のタクトは「アプリボワゼ！」と叫びながら、後方へ流れ星のように飛んでいく。次に外部と接する壁を破り、タウバーンがゼロ時間内に進入し大見得《おおみえ》を切ると、胸の部分にあるコックピットが光り輝く。そこにすでに乗り込んでいるタクトは「颯爽《さっそう》登場！」と叫び、戦闘用のコスチュームに瞬《また》く間に着替えた（早替《はやがわ》りした）のち、三回ほど反転しながら「銀河美少年」と、ついで髪の毛に金色のメッシュがはいり変身が完了すると「タウバーン！」と大見得を切る。タクトが三回反転する際に、腰をくっとひねるところが、インドのグプタ様式の仏像、日本なら薬師寺東院堂《やくしじとういんどう》の聖観音立像《しょうかんのんりゅうぞう》のごとくセクシーである。

この演出は一言でいえば、「外連味」がある演出といっていいだろう。「外連味」とは、もともと歌舞伎《かぶき》で使われる早替りや宙づりなどの大がかりで奇抜な演出のことを指すが、『スタドラ』の演出はこの意味で「はったり」が効いている。綺羅星十字団の女性キャラクターをローアングルから撮った第二話のシーンをリアルタイムで視聴した際にも「『外連味』がある映像表現だ」と感心したが、バンクシーン（変身シーン、この表現手法については第二・三章で詳述）をはじめ随所にこの種の斬新な演出が施されている。

先述したように、日本のロボットアニメにおけるロボットはしばしば「身体拡張」と考えられてきた。この身体が拡張するということは、搭乗者の「精神拡張」にも繋がり、たとえば『機動戦士ガンダム』ではニュータイプ（特異な能力またはその能力を有する者）、『新世紀エヴァンゲリオン』ではチルドレン（エヴァンゲリオンに搭乗できる適格者）という概念が生まれた。

このような前提を踏まえた上で、メカデザのコヤマが提案したのが「未来拡張」である。コヤマ曰く「主人公の未来の姿が、サイバディの形になるというコンセプトであれば、登場人物本来の姿や精神性が見える」のでは、と考えたという。これを端的に映像表現したのが外連味のあるバンクシステムであり、他のタウバーンと戦う中でタクトはさまざまなことを学び、未来に向かい人生という冒険を続けていく。

注目のキャラクター

男性キャラクターで注目すべきはもちろん、主人公のタクトである。しかしタクトは「イケメン」というカテゴリーに収まるだけの存在なのだろうか。

周知のように、「イケメン」は、「かっこいい」という意味の俗語「いかす」を語源とした「イケてる」（もともと関西弁）という言葉と、男性の複数形の英単語「メンズ」（Mens）が合体して生まれた言葉といわれ、容姿の優れた男性のことを指す。

この言葉は、九〇年代後半に大洋図書が刊行したギャル雑誌「egg」の周辺で使われだしたらしく、ゼロ年代以降、「イケメン俳優」（平成「仮面ライダー」シリーズやミュージカルの俳優など）や、「イケメン声優」という具合にポップカルチャーでも普通に使われだした（一〇年代に関しては前著九二〜九三、九八〜九九頁参考）。タクトのボイスを担当した宮野真守《みやのまもる》も「イケメン声優」というカテゴリーにはいる。

タクト、タウバーン、宮野真守。

細身で、「イケメン」キャラクターであることはたしかだ。しかしながら先述した『スタドラ』の「外連味」のある演出を考慮するなら、宝塚歌劇や少女マンガでいう王子様キャラクター、さらに遡って歌舞伎用語をルーツとした「二枚目」（歌舞伎の芝居小屋に掲げられた看板の二枚目には若い色男の役者名が書かれていたことに由来）や、「男前《おとこまえ》」（歌舞伎の世界では「前」は「動き」を意味し、男の役者の立ち居振る舞いの美しさが評価の基準だったことに由来）といった記号表現で形容したほうが的確なような気もする。

本作が女性に人気がある理由の一つは、二枚目、男前、イケメンという具合に幾重にも重ね書きをされた「眼差しの客体」（もともと性の対象として客体化するという意味だが、この場合「愛《め》でる対象」にするくらいの意味合い）としての男性キャラクターの容姿にあることは疑いないだろう。

他方、女性キャラクターのうち注目したのが、（視聴した読者にとっては意外かもしれないが）日死の巫女であるミズノである。

彼女は自由奔放《ほんぽう》な性格ではあるものの傷つきやすく、第一五話では、タクトへの失恋や、自分を捨てた母親の帰島、それを起因とした姉マリノとの諍《いさか》いを契機として島からの脱出を図る。ところが四方の巫女の掟《おきて》として、封印が破られない限り結界で閉ざされた島から出て行くことはできないゆえに、フェリーに乗るものの時間が巻き戻され、ベッドで目覚める（作中では時間が四回繰り返される）。

これは時間SFの一ジャンルで時間が繰り返される「ループもの」の導入であるが、本作がゼロ年代前半に一斉を風靡《ふうび》したセカイ系（後述）と地下水脈で繋がっていることの証として考えることもできる。

またタクトとの共通点は、家族が崩壊していることで、二人に共通する母親の出奔《しゅっぽん》・父親の不在といった過去が次の第一六話にかけて語られた。

なおこの第一六話では、タクトが本土に住んでいた中学時代における友人コモリ・ナツオと、初恋の相手オカダ・ハナとの逸話も語られたが、現在の島におけるタクト・スガタ・ワコのトリアーデはその繰り返しであり、逆に過去に遡るなら、親の代のヘッドことトキオ（父）・リョウスケ（友人）・ソラ（母）の関係をも反復している。

この三度繰り返されるトリアーデは、後述するネオセカイ系の要素となる。それにしてもミズノが第一フェーズの能力により「姉」マリノという存在を創りだしたという設定に驚かされたが、それゆえ第一六話のラストシーンに感動した方も多かったことだろう。

ネオセカイ系

そろそろまとめにはいろう。

本作の南十字学園のような学校に、サイバディのようなロボットの要素を加味した作品を「学園ロボットもの」という。

主人公は高校生が多く、いわば青春真っ只中でロボットで戦うことを余儀なくされるが、この手の作品はゼロ年代後半位から一定の人気を獲得し、近年の「ガンダム」シリーズ、すなわち『機動戦士ガンダム００』（〇七～〇九）や『機動戦士ガンダム鉄血のオルフェンズ』（一五～一七）と同じように、従来ロボットアニメにあまり関心を抱かなかったとされる女性をも虜《とりこ》にしている。代表作に、〇六～〇八年にテレビ放映された『コードギアス　反逆のルルーシュ』（以下『コードギアス』）と、一一年に放送された『ギルティクラウン』があげられるが、これらには「ＢＬ」的設定が垣間見られる。

他方、ゼロ年代前半に「セカイ系」なるジャンルが注目をあびた（前著一一～

一二、一三三頁参考）。

これは「きみとぼくという小さな関係性が、世界の危機やこの世の終わりといった抽象的大問題に直結する作品群」のことを指したものだが、ゼロ年代後半には終息したというのが一般的な見方である。しかしながら形を変えてオタク文化に伏流しているというのが私の見解である。これを「ネオセカイ系」と呼んでおこう。

接頭辞の「ネオ」（新）というのは「セカイ系」の異種という意味で、先の「きみとぼく」に該当する部分に「かれ」を追加し、「きみ（ワコ）とぼく（タクト）とかれ（スガタ）」という三位一体＝トリアーデを下層とした。そして上層の世界を救うのは「きみ」にあたるワコではなく、「ぼく」にあたるタクトで、「かれ」にあたるスガタを助けながら世界を破滅から守るという見立てである（図1-3参考）。

しかも南の孤島（奄美大島《あまみおおしま》や父島《ちちじま》がモデル）が世界に直結しており、「セカイ系」の源流である『新世紀エヴァンゲリオン』の国連という国際機関は、グラン・トネール財団という私的な機関にずらされている。ある意味テレビ版の『最終兵器彼女』など、純化されたセカイ系の後継作品という見方も可能だろう。

なお声優レベルでいえば、宮野真守が福山潤《ふくやまじゅん》を助けて世界を救済するわけで、女性

図1-3　セカイ系とネオセカイ系

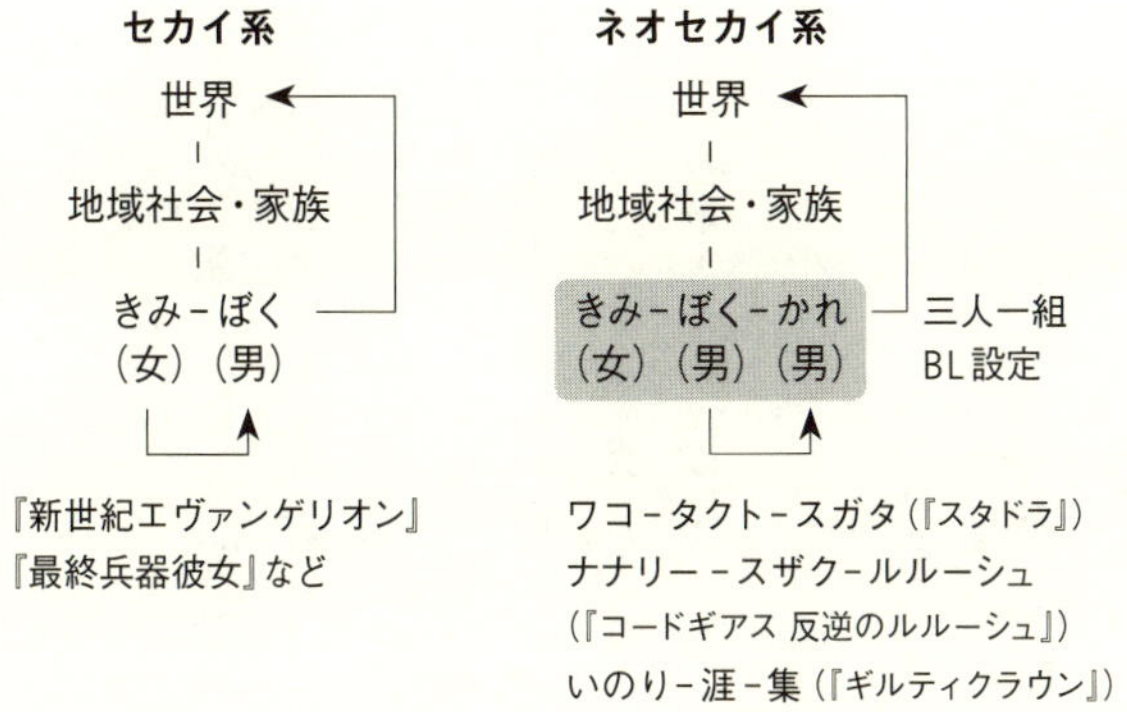

＊『コードギアス』は、神聖ブリタニア帝国により占領された日本を舞台に、ルルーシュが「黒の騎士団」のリーダー・ゼロとして復讐を行うという話。ブリタニア軍に所属するスザクや、妹のナタリーが関わってくる。

＊『ギルティクラウン』は、GHQの統治下となった日本が舞台。桜満集《おうましゅう》がある日、楪《ゆずりは》いのりと出会い「葬儀社」のメンバーとなる。そこのリーダーが恙神涯《つつがみがい》であり、この三人を中心に物語が進行する。

＊図中の「ぼく」と「かれ」は置換可能。

および声優ファンにとって堪らない展開ではないかと想像する。

最後に注目すべきは、タクト、ワコ、スガタの三人が属する演劇部「劇団夜間飛行」の存在であろう。ここの部長であるエンドウ・サリナは、「エントロピープル」と呼ばれる古代銀河文明の末裔《まつえい》である（古代フェニキア人の末裔が想像される）。

登場人物が多いため錯綜《さくそう》しがちな『スタドラ』のプロットが、破綻なく安定しているのは、サリナが作品を俯瞰《ふかん》する「神」のような視点を有しているためだと思う（西《にし》尾維新《おいしん》の小説「戯言《ざれごと》シリーズ」でいえば、西東天《さいとうたかし》のようなポジション）。つまりサリナの存在が作品の背景・屋台骨《やたいぼね》を支え、第二二話で演じられた物語内物語の演劇「神話前夜」を通じて、作品の真の世界を開示した。

『スタドラ』は、メインの物語よりむしろ物語内物語こそ真なりといった展開の希有《けう》な作品である。

※付言：胸に輝く「シルシ」にはフェニキア文字が使われているので、フェニキア人が古代銀河文明をもたらしたと考えうる。フェニキア人はレバノンに都市国家を作り、地中海を商業の力で支配したとされる海洋民族である。フェニキア文字はアルファベットの源流であり、ギリシア神話にもフェニキアの神々が流れ込んでいるが、注目したいのはアメリカ大陸やオーストラリア大陸へすでに至っていたので

はないかという説があることだ。そこから想像するなら、中東からインド洋をへて東南アジア、そして日本の南海の南十字島にやってきて古代銀河文明をもたらしたと考えることもできそうである。したがって銀河は単なるミスリードで、宇宙からではなく、地中海あるいはその経由地からサイバディの素体を持ち込んだという説も成り立つだろう。また『古事記』と『日本書紀』に伝えられている天孫降臨《てんそんこうりん》、フェニキア人の手による神社建設、小説家の有吉佐和子《ありよしさわこ》によるフェニキア人紀州渡来説《きしゅうとらい》。それらを踏まえた上での設定かもしれない。

第2章 擬似家族と運命の乗り換え

『輪るピングドラム』

アニメ界のカリスマ

前章の五十嵐卓哉《いがらしたくや》、榎戸洋司《えのきどようじ》繋がりで本章では、彼らの友人である（とされる）幾《いく》原邦彦《はらくにひこ》監督の作品をとりあげる。

幾原は大阪出身で、京都芸術短期大学（現、京都造形芸術大学）を卒業後、東映動画（現、東映アニメーション）に入社した。東映時代には、一九九〇年以降、「美少女戦士セーラームーン」シリーズのディレクター等を務め、九三年には『劇場版美少女戦士セーラームーンR』で初の監督を担当した。

その後九六年に東映動画を退社し、クリエイター集団ビーパパスを主宰。ここから生まれたのが九七年の名作『少女革命ウテナ』（シリーズ構成は榎戸、劇場版は九九年）である。この作品は簡単にいえば、鳳《おおとり》学園を舞台に「王子様」キャラクターの天上《てんじょう》ウテナと、「薔薇《ばら》の花嫁」と称せられる姫宮《ひめみや》アンシー、この二人の少女の「百合《ゆり》」的な関係を中軸として、「世界の果て」への脱出を企図したものである。

ウテナは、エンゲージ（婚約）した者に「永遠」に至る「世界を革命する力」を与えるという「薔薇の花嫁」アンシーをかけて、フランスの作家アレクサンドル・デュマ・ペールの『三銃士《さんじゅうし》』のごとく、生徒会の役員のデュエリストと戦うのだが、ウテナとアンシーはもともと一人のキャラクターが分裂して造形されたものである。榎戸曰く、ウテナは「理想」、アンシーは「女の子を通じて、現実を知る記号」であるという。この目論見《もくろみ》から考えると、一人の少女の内面で生起した神話のようなドラマという見方もできる。

それはさておき、本作は基本的にメタフィクションのため、幾原は榎戸らスタッフの意見も取り入れながら、さまざまな仕掛けを施した。四点ほど箇条書きにしておこう。

①色彩設計：青・赤・白・黒が基調で、たとえば青い空と白い建物、赤と黒の鉄

骨が露《あら》わになった校舎など。この色彩設計により観る者を画面に引きつけた。
②演劇的手法：影絵の舞台で「かしらかしらご存じかしら」と学園の裏話をはじめる少女や、天空から逆さに吊《つ》り下がっている城、突然現れるカンガルーなど、随所に「前衛劇」的な手法を取り入れ斬新な映像となった。
③テンポ：バンクシステム（後述）や止め絵を多用しつつテンポよく物語が展開し、見せ場が連続した。
④音楽による異化効果：かつて寺山修司《てらやましゅうじ》が主宰した劇団・天井桟敷《てんじょうさじき》で音楽と演出を担当していたJ・A・シーザーが、決闘シーンのバックに流れる合唱楽曲を作曲し、その音楽が「異化《いか》効果」（Verfremdungseffekt）を発揮した。「異化効果」とは舞台上の出来事に対して感情的に同化することが阻害される演劇上の効果のことである。

以上の四点は、一〇年代の作品、すなわち『輪《まわ》るピングドラム』（一一）と『ユリ熊嵐《くまあらし》』（一五）へ形を変えて活かされている。

前半のプロットと見所

二〇一一年にテレビ放映された『輪るピングドラム』は、幾原による一二年ぶりの新作として話題を集めた。

シリーズ構成は、幾原とともに『神様のメモ帳』などの脚本で有名な伊神貴世《いかみたかよ》が、キャラデザ原案は、『おとめ妖怪　ざくろ』などで名高いマンガ家の星野《ほしの》リリィが担当した。基本的に宮沢賢治《みやざわけんじ》の『銀河鉄道の夜』が大きな鍵を握るが、それは後述するとして、二クール全二四話中、前半と後半では作風がかなり違う（ポップからダークへ）ので二部に分け、まず前半のプロットを整理する。

第一話で、高倉《たかくら》家の三人、すなわち冠葉《かんば》・晶馬《しょうま》・陽毬《ひまり》は、池袋の水族館へ出かけるが、そこで妹の陽毬が倒れ病院で死亡する。しかし冠葉の命を代償とし、なぜか陽毬はペンギン帽を被って「プリンセス・オブ・ザ・クリスタル」として蘇生《そせい》。彼女は、兄弟にピングドラムなるもの（終盤まで正体は不明）を手に入れることを命じる。そ

©イクニチャウダー／ピングループ

こで兄弟は、鍵になると思われる女子高生・荻野目苹果《おぎのめりんご》の調査を開始。苹果は、亡き姉・桃果《ももか》が遺した「運命日記」にしたがって、姉の想い人・多蕗桂樹《たぶきけいじゅ》と結ばれるための「プロジェクトM」を遂行していたが、多蕗の恋人・時籠《ときかご》ゆりの存在で行き詰まった末、何者かに日記の半分を奪われてしまう。そして苹果の日記と冠葉自身を狙う少女・夏芽真砂子《なつめまさこ》が登場。彼女もまたピングドラムを探し求める。やがて桃果の死の原因である一六年前の地下鉄でのテロ事件がクローズアップされ、高倉三兄妹の両親である剣山《けんざん》と千江美《ちえみ》がそれを起こしたことが判明する。そして第九話から謎の美青年・渡瀬眞悧《わたせさねとし》が登場し物語が大きく転換する。

登場人物が多いので、関係図を示しておこう（**図2-1参考**）。

この図を参考に人物関係をまず整理する。高倉三兄妹の両親である剣山と千江美が属するピングフォースが起こした九五年の地下鉄でのテロ事件には、夏芽家の父も関わり、第九話から登場する幽霊の眞悧がリーダーとして主導したので、彼ら四人は事件の加害者である。

他方被害者は、その地下鉄で眞悧と対峙した荻野目家の桃果で、相討ちとなった彼女は眞悧の呪いに閉じ込められ、その体は分離して二つのペンギン帽となった。その

図2-1　キャラクターの関係

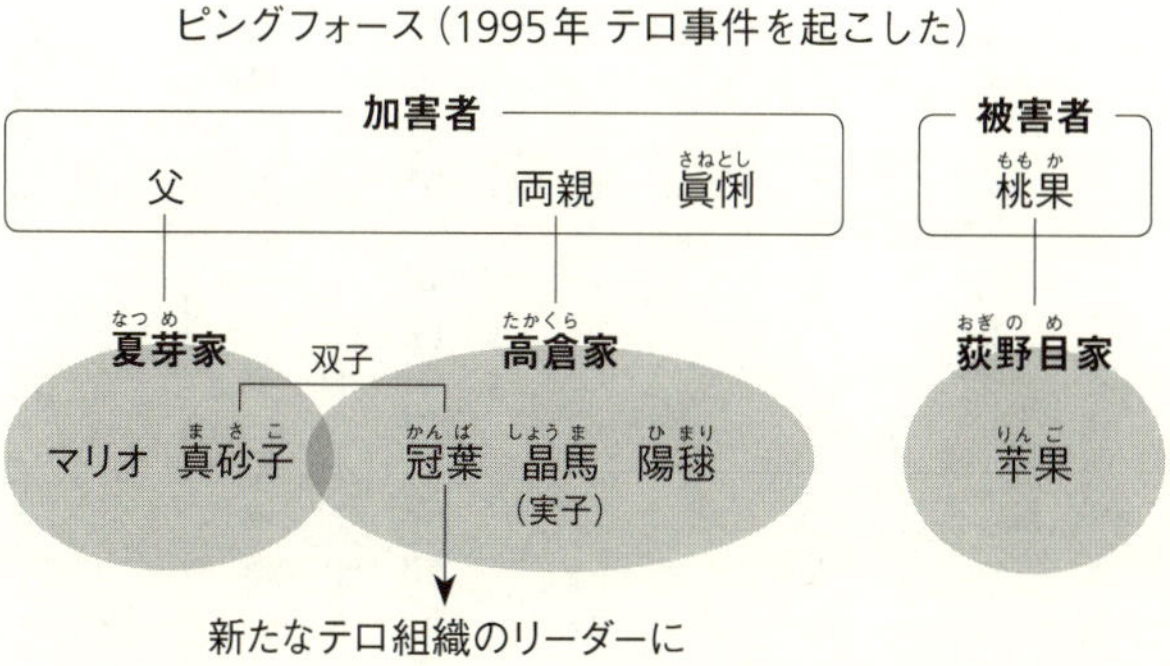

一つが夏芽家の真砂子の病弱な弟・マリオへ、もう一つが高倉家の陽毬の手にわたったわけである。

また桃果の友人であったのが、桂樹とゆりであり、彼らの逸話も語られる。

未見の方にとって設定がややこしいと思うが続けると、じつは高倉家の三兄妹には血のつながりはない。冠葉は夏芽家の真砂子の双子、晶馬は高倉家の実子、陽毬はネタバレご免で伏せておくが別の家の子であり、いわば「擬似家族」として暮らしている。

さて、眞悧が登場する第九話から、物語が大きく転換すると先に述べた。

すなわちこの回において時間は第一話の時点に戻り、陽毬が池袋の水族館の地下六一階にある図書館の奥に存在する「そらの孔《あな》分室」（『銀河鉄道の夜』の暗黒星雲《あんこくせいうん》に相当か）に辿り着く。そこで出会った司書の美青年・眞悧に頼んで『カエル君 東京を救う』という題の本を探す。このとき陽毬の過去の出来事が語られるのだが、終盤になって世界が裏返る。つまり時間がループしつつ世界が反転するのだが、その結果として物語が加速して後半に突入する仕掛けともなっている（未見の読者には分かりにくいと思うので、雰囲気だけ了解してもらえれば可）。

　ここで注目すべきは、『カエル君 東京を救う』という題の本であるが、これはヒッチコック映画でいう「マクガフィン」（MacGuffin、記号内容のない記号表現）であろう。たしかに題名は村上春樹の短篇「かえるくん、東京を救う」由来であり、同書の登場人物、すなわちかえるくんを眞悧、片桐を冠葉、みみずくんを桃果（桃果視点では逆にかえるくんは桃果、みみずくんは眞悧）に措定《そてい》（想定）したい誘惑に駆られるが、結局「そらの孔分室」では『カエル君 東京を救う』はみつけられない。内容うんぬんではなく機能としてみるなら「マクガフィン」だと考えた方が論理的だと思う。

「記号」表現と決めぜりふ

前半は一言でいえば後半への序曲であると思う。

すなわちピングドラムの正体をめぐるミステリ仕立ての話がつづき、苹果が所有する「運命日記」をめぐる話で、視聴者をミスリードする仕掛けが施されている。しかも幾原らしいポストモダンなポップ路線なので、まずは映像そのものを楽しんでほしい。したがって前半で注目すべきは、物語そのものよりもむしろ、それを彩る「記号」表現、決めぜりふ、バンクシステムではないかと考える。

まず「記号」表現の点でいうと、ペンギンマークや、「ピクトグラム」(Pictogram、非常口の人物をかたどったサインのような絵文字）の形で作画された「モブ」（群衆）キャラクターが散種され、その表現が新鮮であった。このデザインを担当したのが、グラフィックデザイナー・越阪部《おさかべ》ワタルである。

こうしてアニメ業界とデザイン業界の垣根を越えたコラボレーションが行われ、結果としてこれまでのアニメではみたことがないような映像表現となった。とりわけ地下鉄の中吊り広告に登場する記号化された女の子二人、すなわち陽毬の小学生時代の友人が結成したダブルHという二人組のアイドルが「本日の標語」で寸劇を演じるが、これは『少女革命ウテナ』でいえば、影絵で学園の裏話をはじめる少女二人にあたるだろう。その形を変えたデジタル版のような案配《あんばい》である。

また決めぜりふも作品にメリハリを与えている。

プリンセス曰く「生存戦略、しましょうか」、苹果曰く「デスティニー！」、真砂子曰く「嫌だわ、早く磨《す》り潰さないと」、眞悧曰く「シビレるだろう？」。

このような決めぜりふを考える上で参考になるのが、日本語学者の金水敏《きんすいさとし》が提唱した「役割語」である。これは特定のキャラクターと結びついた、特徴ある言葉遣いのことである。

本作に敷衍《ふえん》するなら、プリンセスの役割ゆえに高飛車《たかびしゃ》、苹果のおてんばゆえに前向き、真砂子の巨大企業の社長ゆえに強欲、眞悧の幽霊ゆえに謎なせりふを吐く、といったことである（もちろん現実では「社長だから強欲」とは限らない、あくまで本作での話）。そこには地域、年齢、ジェンダー、階級、容姿などさまざまなコード（決まり事）があり、そのコードをもとに「役割語」が決められている。この役割語のコードとは、たとえば「私」（一人称）の場合、関西人は「わて」、高齢者は「わし」、女の子は「あたし」、お嬢様は「わたくし」、イケメンは「おれ」といった具合のことである。

ところで本作では、たとえば『魔法少女育成計画』（一六）のマスコットであるファヴの「〜ぽん」みたいな「キャラ語尾」は、真砂子の「〜だわ」以外目立たないが、日本のアニメには「キャラ語尾」の多様性がある。

たとえば一七年に実写化された『銀魂《ぎんたま》』のヒロイン・神楽《かぐら》は、助詞を省略して語尾に「〜ある」「〜ね」「〜よ」などを付ける。これは「ピジン日本語」（日本語のクレオール化）と呼ばれる表現で、幕末の開港地・横浜の外国人居留地で、中国人に限らず西洋人も使っていた。やがてこれが中国人のステレオタイプな言葉遣いとされ、マンガやアニメなどポップカルチャーにも波及する。アニメなどの場合、ステレオタイプというよりむしろ「お約束」としての役割語だといえようが、なぜ宇宙最強の夜兎《やと》族の神楽が「ピジン日本語」を喋るのか。それをあらゆる角度から考察するだけでも興味深いと思う。

ちょっと脱線したので、もとに戻り、次は『輪るピングドラム』のバンクシステムについて考えよう。

二つのバンクシステム

主なバンクシステムは、陽毬が華麗にプリンセスへと変身し、したがわぬ者を裁くシーンで使われている。ちょっと長いが文章化してみる。

まず筒状のロケットが発射されて開くと、内包された籠《かご》状の檻《おり》の中からテディドラム（熊の形をした巨大ロボット）が現れる。このテディドラムは白色と暗色の二体があり、対峙する位置でいくつか変形の過程をへたのち、両者は連結する。白いテディドラムの胴体が開くと中から「イマージーン！」の掛け声とともに、ドレスアップしたプリンセスが現れる。他方暗色のテディドラムには、高倉兄弟などが強制的に呼び出され、たとえばプリンセスの意に副《そ》わない言動をした場合、落とし穴の仕掛けで強制退去させられる。最後はプリンセスの「生存戦略、しましょうか」の一言で締める。

とてもよくできたバンクシステムである。

またこのバンクシーンでは、『少女革命ウテナ』でいえば、決闘シーンのバックに流れるJ・A・シーザーのオペラ風の楽曲に相当するような、音楽による「異化効果」も発揮されている。

すなわち八〇年代に活躍した石橋凌《いしばしりょう》（役者として活動中）率いる伝説のロックバン

ドARBの「ROCK OVER JAPAN」がこのシーンで使われているのだ。ARBといえば男臭い社会派バンドであり、この楽曲の歌詞も〈俺達は道なりに 走り続けて来た／標識だらけの道を とばして続けていく〉という風に「マスキュリニティ」（Masculinity、男性性）に溢れたものだが、これをトリプルH（陽毬＋ダブルH）の少女三人が歌うことでアイドル歌謡のようなフェミニンな楽曲となり、これをこのバンクシーンで使用することにより、何ともいえない効果が生まれている。

ところでアニメーション研究家の小松祐美《こまつゆみ》が、本作のバンクシステムによるシーンには二種類あると指摘している。

すなわち①全面的バンクシーンと、②部分的バンクシーンである。①は「一連のシーンの中で同一のカットが同一の順序で映し出されるシーン」、すなわち上記のようなバンクシーンのこと。他方②は「その都度画面の一部が描き換えられるものの、画面の大部分が同一であり、大筋で同じ展開が繰り広げられるというシーン」のことである。

小松がいうように、本作の部分的バンクシーンは、場面展開で使われる自動改札機と発車標《はっしゃひょう》（駅の案内表示装置）がそれに相当する。これは回想シーン（フラッシュバック）の冒頭でのバンクシステムである。

たとえば第二話における晶馬の回想の場合、自動改札が開くと発車標が現れ、四段組で上から「晶馬」「前車両より」「妹が生き返る」「※不思議な出来事。僕たちに起こったことは夢なんかじゃない。だとしたらあれは？」という回想内容が表示されたのち、それに準じた逸話が語られる。

たとえば古い映画では、カメラのレンズに円形や方形のマスクを付け、それを拡大したり閉じたりする「アイリス・ショット」（Iris Shot）により場面転換がなされる作品があるが、今日の映画は「ストレート・カット」（連続して撮影されたショットとショットの間を直接的に繋ぐ技法）が主流で、わざわざ場面転換に一工夫する作品はまったく希有《けう》である。これは日本のアニメの場合もそうだろう。

ところが『輪るピングドラム』では、あえて四段組で回想する主体や回想内容などを記した発車標を回想シーンの前に提示した。また本作の他のシーンではたびたび、自動改札と駅名標も挿入される。これらを含めた部分的バンクシーンが作品にリズムを刻み、テンポよく物語が展開する。

なお第五話では、世紀末ウィーンを代表するオーストリアの画家グスタフ・クリムトの「接吻《せっぷん》」を翻案《ほんあん》した絵が、また第四・七・八・一一話では切り絵アニメーションにより苹果の妄想が展開されており、これらの多彩な映像表現によりシーンを彩っている。さらに病院はパリの現代アート美術館であるポンピドゥー・センターを模していると思われる。

後半のプロットと見所

さて後半に突入するとさまざまな逸話が語られるが、前半のポップな世界からダークな世界へと物語が決定的に移行するのが、晶馬が苹果に両親の罪を告白した第一二話だろう（以下、未見の読者には雰囲気だけでも把握してもらえたら十分）。

すなわち陽毬の命が再び尽きようとしていた。そのためプリンセスは陽毬から離れ「運命の至る場所」へ還《かえ》る用意をするわけだが、この「運命の至る場所」というのは九五年の地下鉄でのテロ事件の現場（またはそれが再現される現場）である。いいかえるとそこは過去（または未来）の亡霊が眠る場所なのだが、そこから赤い林檎を手にした眞悧が二羽のうさぎ（助手のシラセとソウヤ）を連れてやってくる。今度は司書ではなく病院の特別診察科の医師として。この眞悧が地下鉄テロ事件の首謀者であり、しだいに冠葉は彼の力を信じるようになり新たなテロ組織・企鵝《きが》の会（企鵝とはペンギンの和名の一つ）のリーダーとなる。

このように物語は終局に向けて大きく展開するが、ここでは後半の個々の逸話は開示せず、終盤の第二一話Bパート（後半）と最終第二四話だけ簡略に紹介しておこう。

まず第二一話Bパートでは、週刊誌の記者を名乗る男から、冠葉がテロ組織の残党と行動していると知らされ、晶馬と陽毬はショックを受ける。高倉家の唯一の実子である晶馬は、実子だけに事件に対する罪の意識がとくに強い。そして陽毬の治療費をめぐる意見の相違から、兄弟の仲に亀裂《きれつ》がはいり、冠葉は家出する。他方、晶馬に促され、陽毬も高倉家を去り、冠葉のもとに身を寄せてテロを食い止めようと決意する、といった流れである。

要するに高倉家の三人がバラバラになったわけである。

そして運命の最終第二四話。

まず晶馬と冠葉は小さな箱に閉じ込められていた。ある日、冠葉は一個のリンゴを発見し、半分を晶馬に分け与える。「人はみな、箱に隔《へだ》てられ孤独な存在だ」と眞悧はいう。しかし二人は手を伸ばし世界さえも変える言葉（呪文）を口にする。「運命の果実を一緒に食べよう」と。これが探し求めていた「ピングドラム」の正体であり、桃果が残した「運命日記」はそれではなかったことが判明する。そして「運命の至る場所」にて運命の乗り換えがはじまるなか、冠葉は透明な破片《はへん》となって虚空《こくう》に散り、晶馬は蠍《さそり》の炎に焼かれる、といった展開である。

先述したように、陽毬がプリンセスに変身するバンクシーンに登場したテディドラムは白色と暗色の二体あったが、最終第二四話では、暗色のテディドラムの時限爆弾が白色に変わり、眞悧の野望が破れる象徴として使われていた。物語を回収するやり方がとても巧みだと感心した。

では今度は、『銀河鉄道の夜』と本作との関係、本作における運命と「９５」が意味するものを論じた上、作品のテーマについて考えていきたい。

『銀河鉄道の夜』との関係

冒頭で述べたように、本作は宮沢賢治の『銀河鉄道の夜』が鍵を握っている。『銀河鉄道の夜』は、学校で孤立しがちな少年ジョバンニが、ケンタウル祭の夜に友人のカムパネルラとともに銀河鉄道の旅をする話である。ジョバンニが冠葉、カムパネルラが晶馬にあたると考えてよいが、二人は同乗していた灯台守《とうだいも》りから黄金と紅で美しく彩られた「苹果」を一つずつもらう。これは冠葉と晶馬の「運命の果実」であるリンゴに相当するし、荻野目苹果という名前の漢字の由来であり、同時に彼女の行く末や、贈り物として与えられた「命」をも象徴していると推察できる。

そして『銀河鉄道の夜』では、さそり座α星アンタレスを見ているときに、同乗する女の子により「蠍の炎」（蠍の火）の逸話が語られる。すなわちバルトラの野原で、一匹の蠍が小さな虫などを殺して食べていた。するとある日、いたちにみつかり食べられそうになったので、井戸に飛び込んだところ今度は溺れそうになる。そこで蠍は以下のように神に祈った。

ああ、わたしはいままでいくつのものの命をとったかわからない、そしてその私がこんどいたちにとられようとしたときはあんなに一生けん命にげた。それでもとうとうこんなになってしまった。ああなんにもあてにならない。どうしてわたしはわたしのからだをだまっていたちにくれてやらなかったろう。そしたらいたちも一日生きのびたろうに。どうか神さま。私の心をごらんください。こんなに

図2-2　運命の乗り換え

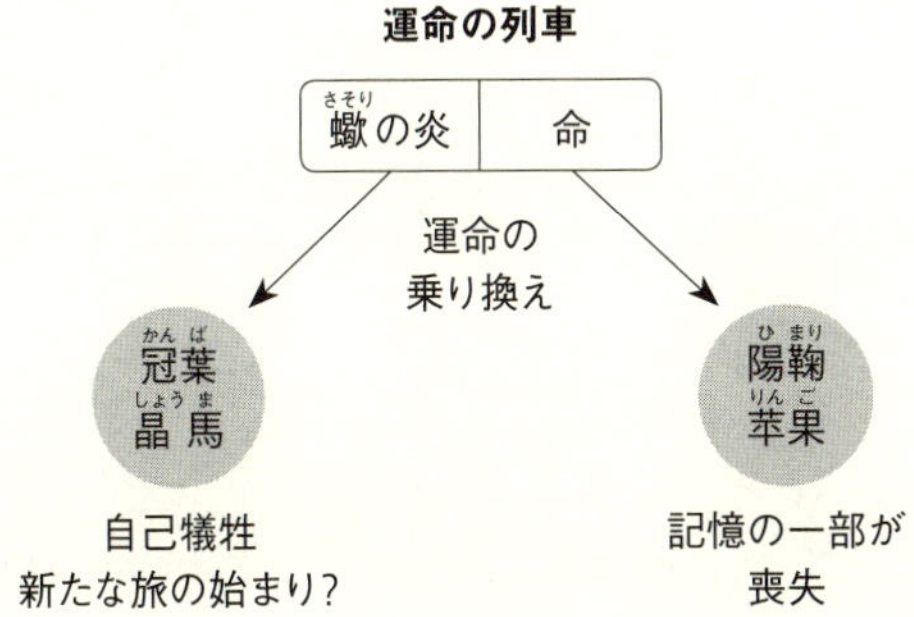

むなしく命をすてずどうかこの次にはまことのみんなの幸《さいわい》のために私のからだをおつかいください。

こうして蠍は自分の体が真っ赤な美しい火となって燃え、夜の闇を照らすさそり座α星アンタレスになったという。

この蠍の逸話は、『輪るピングドラム』では、晶馬が炎に焼かれるシーンに繋がるゆえ、蠍の炎が「自己犠牲」の象徴として援用されていることが分かる。つまり『銀河鉄道の夜』でいう「みんなの幸のために」、晶馬の体は焼かれたわけである。

これをバッドエンドとみる人がいる。この見解は右の『銀河鉄道の夜』からの引用を読めば妥当ではないことがおのずと了解できるだろう。蠍は炎に焼かれ、アンタレスという暗黒の世界を照らしだす「希望の星」になった。要するに「自己犠牲」となった命は再生したというよりむしろ、「死」そのものが「希望の星」となったわけである（図2-2の左側に注目）。

『輪るピングドラム』第一話の冒頭で、高倉家の家の前を歩く少年二人が、『銀河鉄道の夜』について「だからさ、苹果は宇宙そのものなんだよ。手のひらに乗る宇宙。この世界とあっちの世界を繋ぐものだよ」「あっちの世界?」「カムパネルラや、他の乗客が向かってる世界だよ」「それと苹果になんの関係があるんだ?」「つまり、苹果は愛による死を自ら選択した者へのご褒美でもあるんだよ」「でも死んだら全部おしまいじゃん」「おしまいじゃないよ。むしろそこから始まるって賢治は言いたいんだよ」という会話がある。

「死」はおしまいではなくはじまり。「死」そのものが「希望の星」となるという解釈だろう。

そしてこの少年二人が、最終第二四話に再登場するが、そこが満天の星空のもとであったこと、新たな旅のはじまりかもしれないことを、私たちは目撃するだろう。

運命と「95」が意味するもの

　では本作のテーマは何だろう。これを考える上で鍵となるものが二つあると考えている。

　一つは「運命」である。

「運命」とは、人の身に廻《めぐ》り来る善悪や吉凶《きっきょう》の事情のことである。この「運命」に対して高倉兄弟と苹果は好対照の反応を示している。高倉兄弟曰く「運命という言葉が嫌いだ」、苹果曰く「運命の出会いがあるから、運命という言葉が好き」。

　じつは「運命」の英単語には二つのものがある。すなわちFateとDestinyである。前者は、「天命」といった意味で、事の成り行きが不条理で、人為的にはどうにもならない神などの力による運命のこと。後者は、「宿命」といえば分かりやすいが、変更不可能な運命という意味である（他の英単語に後述するDoomがある）。

　ではどちらの意味の「運命」なのか。

　苹果の決めぜりふが「デスティニー！」（Destiny）であることから、後者の変更不可能な「宿命」という意味で運命は使われていそうだ。そして第一九話あたりから「運命の果実」という言葉が出てきて、この変更することができない「宿命」の果実

（愛と罰の隠喩《いんゆ》）を一緒に食べること＝「ピングドラム」によりテロ事件以降、高倉家にかかっていた呪いは解ける。もちろん高倉兄弟の自己犠牲をへてだが。

この「運命」は、イギリスの劇作家ウィリアム・シェイクスピアが吐いたとされる「運命とは、最もふさわしい場所へと、貴方の魂を運ぶのだ。（Your soul is carried to the most suitable place with destiny.）」という名言と響き合う。つまり「運命の至る場所」からさらに先、つまり満天の星空のもと高倉兄弟が旅だった先こそ、彼らにとって最もふさわしい場所であり、そこに魂が運ばれていったと捉えうるだろう。

二つ目は、地下鉄のシーンで丸囲みで記された「95」という数字である。

これは西暦の一九九五年を意味しているということはすぐ気づくであろう。この年の三月二〇日、カルト宗教団体のオウム真理教は、神経ガスのサリンを使用しテロを起こした。有名な地下鉄サリン事件である。

オウム真理教の教義は、原始ヨーガを基本として、上座部仏教《じょうざぶぶっきょう》に伝わるパーリ仏典《ぶってん》をもとに、ゲルク派を中心としたチベット密教《みっきょう》を取り入れているもので、それ自体にはテロを起こすような要素はない。ところが教祖の麻原彰晃《あさはらしょうこう》は、ハルマゲドンが近い、われわれ「神仙民族《しんせん》」であるオウムだけが生き残り、地球を救うのだということを信者に説き、武装化の道を歩み、結果としてこの事件を起こすこととなった。

他方、『輪るピングドラム』のテロ組織であるピングフォースは、利己的な価値観を否定し、「人間が『本当のこと』のみで生きられる世界こそ美しい。『本当のこと』が実現していない世界の間違いを『聖なる炎』で浄化する」と称して、同じ日に地下鉄爆破事件を起こしたという。

先述したように、この事件は、眞悧がリーダーとして、高倉三兄妹の両親とされる剣山と千江美、夏芽家の父が実行犯であった。つまり彼らは加害者側である。それに対して被害者側は、その地下鉄で眞悧と対峙した荻野目家の桃果であった。したがってこの事件は、高倉家、夏芽家、荻野目家で遺された子ども、あるいは桃果の友人であった桂樹とゆりの人生に暗い影を落としたわけである。

ピングフォースによるテロ事件の加害者／被害者の両家族から迫った本作は、オウム事件へのレスポンスでもあると解釈できるだろう。

「何者にもなれないお前たち」

不合理なオウム事件。

じつは運命の三つ目の英単語にDoomがある。これは運命がもたらす「破滅的な終局」のことなのだが、この意味を含めた「運命」を通じて、監督の幾原は私たちに何を伝えたかったのだろう。

ここでヒントになるのが「何者にもなれないお前たち」というキーワードである。これはプリンセスの口から発せられるせりふで、陽毬がプリンセスに変身し、したがわぬ者を裁くシーンで吐かれる。すなわち「きっと、何者にもなれないお前たちに告げる！　ピングドラムを手に入れるのだ！」という具合にである。

世代論が学問として有効か否かの判断は留保して語ると、社会学などでは「出生時期が同じなら、歴史体験は共有しているのだから、同じような精神構造を持ち、また同じような行動様式を示す」と仮定して、オタク世代論を含め多くの議論が存在している。

それらを援用するなら、六四年生まれの幾原は、日本でいう新人類世代（青春は八〇〜九五）に相当するが、この世代は英語圏ではジェネレーションXという。その後、ジェネレーションYをへて、現在の世代はニュー・サイレント・ジェネレーション、ジェネレーションZ、最近はミレニアル世代、より一般的な英単語では「ミレニアルズ」（Millennials）と呼称されている。日本でいえばジェネレーションYは、団《だん》塊《かい》ジュニアやポスト団塊ジュニアに。ミレニアルズは、平成生まれの世代に相当するので、ゆとり世代、さとり世代（新人類ジュニア）に該当する。

六四年生まれの幾原が、自分および下の世代を視聴者のターゲットにしたと仮定するなら、「何者にもなれないお前たち」とはこの三世代を主に指すだろう。オタク世代論でいえば、六〇年代生まれの第一世代から、九〇年代生まれの第四世代までと幅広く四世代を射程に収めている。

これらの世代は、それ以前のたとえば団塊世代と比べると、学生運動と呼ばれた大学改革や、安保闘争、反ベトナム戦争などの運動にはコミットしておらず、自嘲気味にいえば、『輪るピングドラム』にでてくる「こどもブロイラー」（不要と判断されたこどもが廃棄される処分場）に送られ、「透明な存在」として処理され、消え去ってしまってもおかしくない世代であろう（もちろん私はそういう認識を持たないが）。幾原はインタビューで「あの頃（注：六〇年代）は『時代』にテーマがあったんだよ。

それが七〇年代から急激に『個人の時代』になっていって。そこから僕たちは生きている意味みたいなものを見失ったと思う」と語っている。

したがって『輪るピングドラム』のテーマは哲学的にいえば、あらかじめ失われた子どもたちの「脱中心化」(制度や秩序の中心から逸脱)した主体を革命することだと考えうる。

また本作の合い言葉である「生存戦略」にはいろいろな含意はあるだろう。しかしながらアメリカの思想家バックミンスター・フラーの『クリティカル・パス』を援用するなら、「生存戦略」とは人類が生存するために、社会環境に適応しようとする戦略のことであり、「脱中心化」した主体を変革することで新たなステージへという意味も込めているのだろう。

しかしそれだけでは一〇年代アニメ論としては不十分だ。より具体的に考えると、一一年三月一一日に起きた東日本大震災の影響もありそうで、そこからもう一つのテーマが導き出される。

すなわち「家族」である。

途上にある家族

東日本大震災に際して有効だったものが、迅速な対応をみせたソーシャルメディアと、セーフティネットとしての「家族」の存在だった、と私は思う。

本作と関連するのは後者であるが、幾原の一七年の対談でも「単純に家族の話をやりたいと自分のなかで強く思っていた。とにかく次は家族の話をやりたいと。」「最初はふわっと考えていたことが二〇一一年の三・一一の状況によって自分のなかで確信的に」なった、と発言している。これは近年目立つ「安定した家族」を基盤とした「共同体」(Community)を重んじる「共同体主義」(Communitarianism)への回帰宣言であるのだろうか。

答えは否だと思う。

本作に登場する家族のほとんどは「擬似家族」と「崩壊家族」である。たとえば高倉家の場合、冠葉は夏芽家の真砂子の双子、晶馬は高倉家の実子、陽毬は別の家の子であり、三兄妹には血の繋がりはなく、父の剣山と母の千江美はテロ事件の首謀者として警察に追われている。また夏芽家の場合、真砂子は祖父との確執があったし、父が同じくテロ事件に関わり、また冠葉は高倉家の養子となった。そして荻野目家の場合、桃果がテロ事件の犠牲となったのち、両親は離婚してしまい、その家族を取り戻そうと苹果は努力するのだが、父親は再婚の方向を選択している。

要するに三家族（ゆり、桂樹の家族も同様）とも通常の「安定した家族」、つまり夫婦の配偶関係や親子・兄弟の血縁関係によって結ばれた親族関係を基礎にして成立する小集団ではなく、そのシステムが崩壊し何らかの新しい関係を構築する「途上にある家族」なのである。

したがって共同体といっても新しい家族の形成を模索した、あるいはその関係性（絆）を結ぶことを企図したものであるので、フランスの哲学者ジャン＝リュック・ナンシーのいう「共同-体《コルプス》」（Corpus）ともいうべきものを指向したと考えることができる。

ナンシーによると、私たちは「ネットワーク的主体」であるという。したがって「共同-体《コルプス》」とは「個々に分節化された存在のネットワークの、交通としての共同体」である。整理すると、通常の共同体は、個々人の寄せ集めからなるのに対して、「共同-体《コルプス》」は、言語のように分節化され（区切られ）た個々人がネットワークを結ぶ「交通空間」のようなものだと考えればいい。要するに自由に出入りできる共同体である。

それはたとえばフランスの構造主義哲学者のミシェル・フーコーがアメリカのゲイ・コミュニティに見いだした共同体でもあるし、フランスの文芸批評家のモーリス・ブランショが『明かしえぬ共同体』等の中で語った共同体でもある。あるいは『輪るピングドラム』に影響を与えた宮沢賢治が構想した心の理想郷ともいうべき「イーハトーブ」もそうかもしれない。

冠葉や晶馬が命を賭して守ろうとしたのは、このような「共同体《コルプス》」としての高倉家、そして「擬似家族」の関係性（絆）で深く結ばれた陽毬と、「家族」になるかもしれなかった愛すべき苹果だったのではないだろうか。その思いがあるからこそ、最終第二四話で、陽毬が手にしたクマのぬいぐるみからのメッセージ、「大好きだよ」に涙した方も多いのではないか。

「途上にある家族」。たとえ私たちが「恋人」や「安定した家族」がおらず孤独であろうとも、どこかにきっと生ずる。そしてそれは私たちが日々他者とともに生きているこの地球上において、隣人とともに見いだすべき新たな共同体でもあるだろう。

そうした一〇年代ならではのメッセージを私は本作から受け取った。

第3章
『ユリ熊嵐！』透明な嵐と断絶の壁

華麗なるドラマ

幾原邦彦《いくはらくにひこ》が『輪《まわ》るピングドラム』の三年後の二〇一五年に監督し、テレビ放映されたのが『ユリ熊嵐《くまあらし》！』である。

シリーズ構成・脚本は『輪るピングドラム』と同じく幾原と伊神貴世《いかみたかよ》が担当し、キャラデザの原案は、百合《ゆり》ものなどを手がけるマンガ家の森島明子《もりしまあきこ》が提示した（スタッフは女性が多い）。

森島が描く百合マンガの特徴は、マシュマロのような丸顔にほぼまん丸の目を持つ女性キャラクター、およびソフトで落ち着いた絵柄である。ブライダル会社に勤める二人を主な主人公とした『レンアイ・女子課』、『マリア様がみてる』の現代版のような設定の『聖純少女パラダイス』など名作が多いが、彼女が描いたキャラクターがアニメとして動き出すのは初めてである。

さて『ユリ熊嵐！』は一クール全一二話なので、プロットを簡潔に整理する。

ある日、小惑星クマリアが爆発を起こし地球へ流星群となり降り注いだ結果、クマが一斉蜂起《ほうき》してヒトを襲いはじめた。その襲来を防止するため「断絶の壁」を作ったが、クマの一部はその壁を越えて侵入しヒトを密かに食べていた。学生も教師も女性だけの「嵐《あらし》が丘《おか》学園」（学園名はイギリスの作家エミリー・ブロンテの小説由来か？）では、友愛の言葉として「スキ」があり、椿輝紅羽《つばきくれは》と泉乃純花《いずみのすみか》は互いに愛し合っていた。そうした中、二人の転校生・百合城銀子《ゆりしろぎんこ》と百《ゆ》合ヶ咲《りがさき》るるがやってきて……という展開である。

幾原監督独特の美学で「百合」的な世界を描きつつ、同時にこの世界では空気の読めない学生に対し「透明な嵐」と呼ばれる排除の儀が行われる。

また『輪るピングドラム』と同じく重いテーマが伏流しており、母娘といった世代論を含め「断

©2015 イクニゴマモナカ／ユリクマニクル

絶の壁」＝心の壁を乗り越えることが可能か否かが全一二話を通じて描かれた。なお登場人物は女性ばかりで、警官が登場するシーンでも婦警のみである。登場キャラクターが多いので、関係図を示しておこう（**図3-1参考**）。

この図を参考にヒトとクマとの関係を整理しておこう。

まずヒトの紅羽は、ストレートのロングヘアなので一見清楚《せいそ》なイメージだが、芯が強く「スキ」（本作のキーワード、「友愛」と考えればいいが、名詞では恋愛をはじめ慈愛・情愛・好意などを含んだ広義の愛のこと、また動詞として使う場合もある）を忘れなければ、自分は独りではない、と信じている。

他方、銀子は幼少時に救ってくれた紅羽に再会するため「断絶の壁」を乗り越えて学園に転校してきたクマ少女で、敵対する者には情け容赦はないが、紅羽にはメロメロである。また一緒に転校してきたるるもクマ少女で、幼少時は王国の姫であったが、事故によって弟のみるんが亡くなった（最終話で復活）。嘆いていたところを銀子に救われたため、彼女にしたがって学園にやってきた。

以上の三人が主たる登場キャラクターであるが、紅羽の亡くなった母・澪愛《れいあ》と、学園の教師でクマ女の箱仲《はこなか》ユリーカには過去に因縁がある。

図3-1　キャラクターの関係

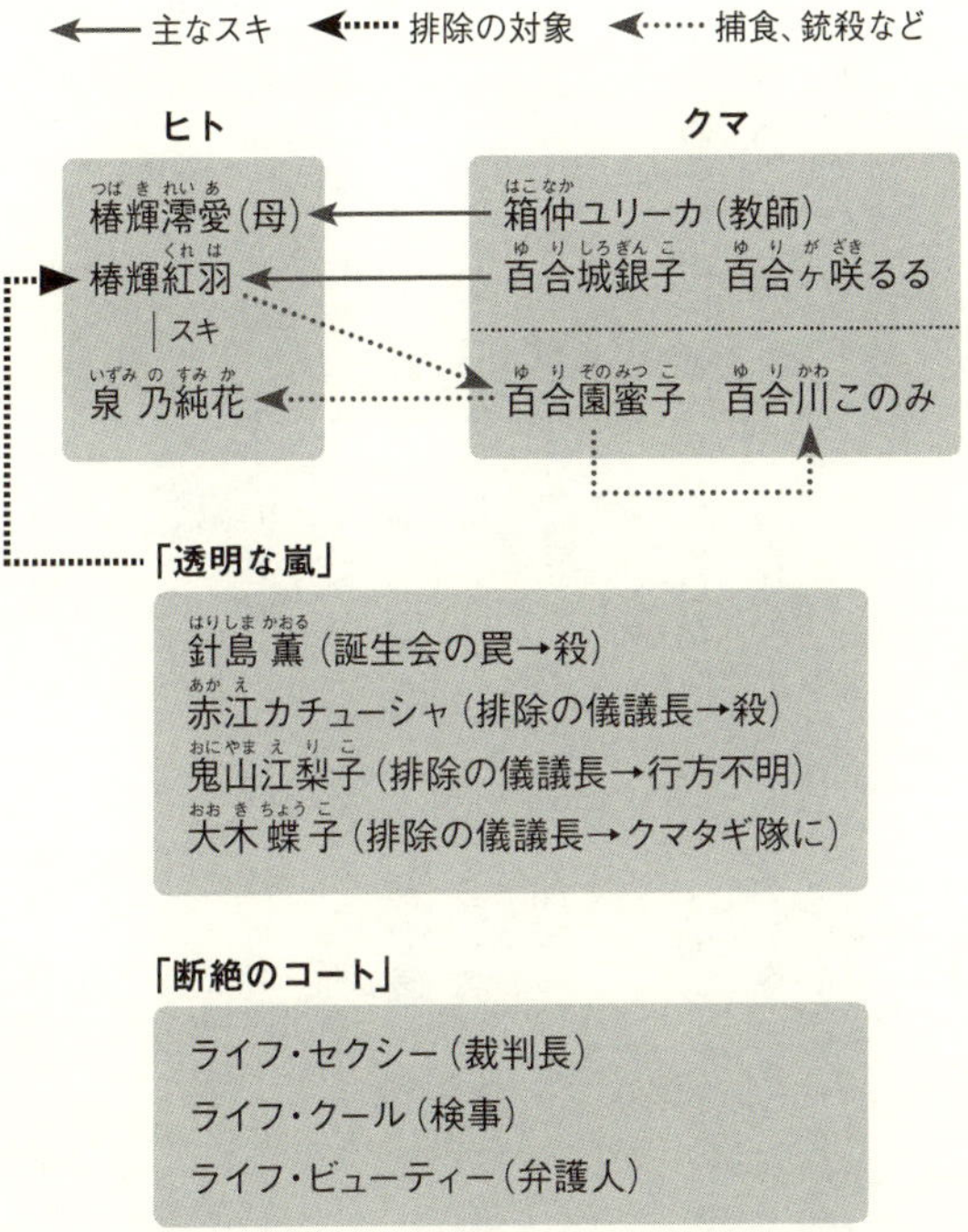

＊本文では論旨を明確にするため、「透明な嵐」の実行者の4人に関して論じない。簡略に整理すると、誕生会を開いた針島は殺され、「排除の儀」議長であった赤江も同様。引き継いだ議長・鬼山は行方不明となり、最後の議長・大木はクマタギ隊を結成する。視聴の際の参考までに。

ネタバレになるので曖昧《あいまい》に記すが、溺愛とユリーカの過去を乗り越えたのが、その子ども世代の紅羽と銀子であり、最終話における紅羽の選択に心を動かされた方も多いだろう。

なお他のキャラクターも興味深い。

たとえば紅羽の「スキ」（愛）の対象だった純花は、クマ少女・百合園蜜子《ゆりぞのみつこ》に食べられるが、最終話で○○として復活する（伏せ字）。その純花を食した蜜子は紅羽の銃弾に倒れるが、のちに銀子の前に幽霊として復活を遂げる。また蜜子を「スキ」（好き）だったのに彼女に殺された百合川《ゆりかわ》このみもメカこのみとして復活するように、いったん死んだとしても復活するところが、この作品におけるキャラクターの特徴である。

ギリシア語の「復活」を語源とした女性名「アナスタシア」（Anastasia、復活した女という意味）をもじるなら、本作ではこの「アナスタシア」たちの華麗なる復活ドラマも展開されている。

「記号」表現と決めぜりふ

第二章に引き続き、本作でも注目すべきは、色彩設計、独特な作風を彩る「記号」表現、決めぜりふ、バンクシステムではないかと考える。

まず色彩設計の面では、作品全体は赤・黒・ピンクを基調としている。たとえば校舎は赤と黒を基調とした鋭いフォルムであるが、花壇や紅羽の自宅はピンクを基調に可愛らしい雰囲気にしている。ここで思い起こしてほしいのは『少女革命ウテナ』の色彩設計である。第二章で解説したように、青・赤・白・黒が基調で、たとえば青い空と白い建物、赤と黒の鉄骨が露わになった校舎など、コンストラストがはっきりしていたので、観る者を画面に引きつけた。

違いは本作の場合、花壇や紅羽の自宅が「かわいい」ところであろう。こちらは『輪るピングドラム』の高倉《たかくら》家との共通点が見いだされる。とりわけ紅羽の部屋のファンシーさは、陽毬《ひまり》の部屋を彷彿《ほうふつ》とさせる（陽毬の部屋にはクマのぬいぐるみがあった）。両作品とも美術監督の中村千恵子《なかむらちえこ》が手がけたものである。

また「記号」表現では、『輪るピングドラム』と同じく異業種からグラフィックデザイナーの越阪部《おさかべ》ワタルが参入しデザインを担当した。

前作では越阪部がペンギンマークやピクトグラムを作って、その後はアニメーターが料理する外部受注という形だったが、本作ではそれらの図案を使う場面をあらかじめ了解した上でデザインしたという。

たとえば学園の壁紙の場合、赤の下地に百合とアルファベットのAをミックスしたもので、前作のデジタルなものではなく有機的に紋章《もんしょう》として図案化されている。この意味で印象的だったのが、百合がユリカモメにトランスフォームする図像で、「トロンプ・ルイユ」（Trompe-l'œil、だまし絵）で有名なオランダの画家マウリッツ・エッシャーの「空と水」が参照されている。エッシャーの作品は魚が途中から鳥になるというモチーフであったが、こちらは百合→ユリカモメという言葉遊びの要素を含んだ「百合」的な図案に変換されている（その他、クマ警報の垂れ幕、クマの手を図像化した「断絶の壁」、着信画面なども越阪部のデザイン）。

他方決めぜりふやキャラ語尾も前作同様、アクセントになっている。紅羽の「私は『スキ』をあきらめない」もさることながら、とりわけクマ関係のものが印象的だろう。銀子ほかクマ少女曰く「デリシャスメル」、るる曰く「るる、賢〜い！」、るる姫曰く「デザイヤー」、ライフ・ビューティー（弁護人）曰く「キラキラァ」、ライフ・セクシー（裁判長）曰く「それがセクシー、シャバダドゥ」など。「役割語」という意味では、クマ少女のうち銀子の場合、「スキ」（好き）ゆえに紅羽から美味しい香りが漂い、るるの場合、銀子を助けたいがために知恵を授けるといったニュアンスで、各々の役割を帯びたせりふである。

他方、ジャッジメンズが発する「キャラ語尾」の場合、弁護人や裁判長の役割はまったく反映していない。文学でいえば「ナンセンス詩」（Nonsense Verse）の代表であるイギリスの作家ルイス・キャロルの「ジャバウォックの詩」（『鏡の国のアリス』）を思い起こしたが、そこまで徹底したものではなく、無意味であるがゆえにヒトとクマの両者にとっての彼岸にある「断絶のコート」（作中に登場する裁判所）という別世界の出来事であることが分かる趣向になっている。

なお銀子ほかクマ少女のキャラ語尾にあたる「ガウ」は、繰り返されたり、文頭に付けられたりする場合もあったが、単純な咆哮《ほうこう》ゆえにどこかもの悲しさが漂ったこともあった。

バンクシステムと絵本

さて本作では断絶のコートで開かれるユリ裁判の演出がとても「不条理劇」風である。ジャッジメンズ（ライフ・セクシー、ライフ・クール、ライフ・ビューティー、性別なし）による裁判シーンは作中で毎回繰り返された。本作はここでバンクシステムが採用された。とりわけ華やかなのがウィニングモードの全面的バンクシーンだ。すなわち「ユリ、承認!」されると百合の花びらが舞い散るなか、ウィニングモード、つまりクマからヒトへと華麗に変身する。ここではいったんクマから裸になりコスチュームが装着されていくので、幾原作品でいえば「美少女戦士セーラームーン」シリーズを彷彿とさせる。

その衣装は、銀子の場合、学園の制服をビキニ風に変装したもので、頭部には王冠がつく。一方るるの場合、メイド服を同じくビキニ風にアレンジしたもので、頭にはヘッドドレスが留められる。もちろん耳にはクマ耳、手と足にはクマの手足を意味するぬいぐるみ状の大きなグローブとシューズが装着され、くるっと回ってポーズを決める。

なお部分的バンクシーンは、回想の際の紋章、「クマショック」でインサートされるクマの手や影絵風のシルエット、「ガリガリガリガリ」と歯ぎしりをするクマの口、ケータイの着信などである。

こうしてテンポよく物語は進行していくのだが、本作の美術設計で特筆すべきは第六話と第一〇話に登場した絵本『月の娘と森の娘』であることは、本作を視聴した人であれば見解が一致するところだろう。

この絵本は紅羽の母である澪愛が描いた遺作で、月の世界と森の世界、つまり本編と同じように世界が二つに分けられている。すなわちある日、月の娘が母親の大事なペンダントをなくし、それを森の娘が拾った。二人はともに「向こうには素晴らしい世界がある」と想像し……といった物語内物語である。

この絵本シーンの美術は、総作画監督の住本悦子《すみもとえつこ》が描いた線画を、美術監督の中村千恵子らが絵の具、色鉛筆やパステルを使って着色したもので、柔和で美しい水彩画風の仕上がりとなった。前作『輪るピングドラム』の第四・七・八・一一話では苹果《りんご》の妄想が切り絵アニメーションにより表現されたように、幾原作品は多彩な映像表現によりシーンを彩っていることが了解できるだろう。

以上のように、本作は色彩設計、独特な作風を彩る「記号」表現、決めぜりふ、バンクシステムなど「表層の戯《たわむ》れ」（物語の深さに着目するのではなく、目にみえる表現だけを楽しむこと）に身を任せるに足る快楽を私たちに提供する。

幾原ファンのとある学生が述べていたが、「幾原作品はワンアンドオンリー」であり、アニメの表現の粋《すい》がここにはあるだろう。とはいえそのキラキラした複数の記号に隠された意味を探り、かつその表層の下に流れる深さや厚みを有する次元を探究していくことは、アニメの作品論を単なる「面白かった」といった感想のようなものにしないためには不可欠な手続きだと思われる。

ここで参考になるのが、フランスの記号分析学者ジュリア・クリステヴァが提示した「記号象徴態《きごうしょうちょうたい》」（Le Symbolique）と「前記号態《ぜんきごうたい》」（Le Sémiotique）の対概念《ついがいねん》である。

クリステヴァは、すでにできあがった制度としての意味体系の次元を「記号象徴態」、それを支える主体を「語る主体」として把握する。これを転用して語れば、『ユリ熊嵐』の「記号象徴態」とは、幾原監督という「語る主体」が、「記号」表現、決めぜりふ、バンクシステムなどの表層的な意味体系を提示した次元といえばいいだろう。

ところが作品を最終話に向けて語り続けるにしたがって、すべての記号活動と幾原監督という主体は乗り越えられ粉砕すべき一次的な枠組みとなる。つまり熊、嵐、百合といった散種《さんしゅ》されたキーワードを作品に織り込むにしたがって、「語る主体」が「過程《プロセ》にある主体」、また「記号象徴態」は「前記号態」という異質な次元に転移する。この次元は幾原監督の身体や欲動といった生物学的な現実といってよく、家族や社会的現実という外部に面している（図3-2参考）。

難解？　ではこの事例でどうだろう。

たとえば読者の皆さんが自ら興味のあるテーマで大学の卒業論文を書いているとしよう。最初は好き好んで選んだテーマなので、皆さんは「語る主体」として「記号象徴態」のレベルで楽しく書き進めるだろう。ところが担当教員の指導がはいることで（たとえば学者や評論家のテクストを読まされ）「前記号態」という深い次元に転移せざるをえなくなる。その結果、単なる「語る主体」であった皆さんは「過程《プロセ》にある主体」となり、自らの身体や欲動、さらには家族や社会的現実まで織り込まなければ論文を完成できなくなる。ざっくり述べるとこのようなことである。

この次元から作品を分析するのは容易《たやす》くない。

図3-2　記号象徴態《きごうしょうちょうたい》と前記号態《ぜんきごうたい》

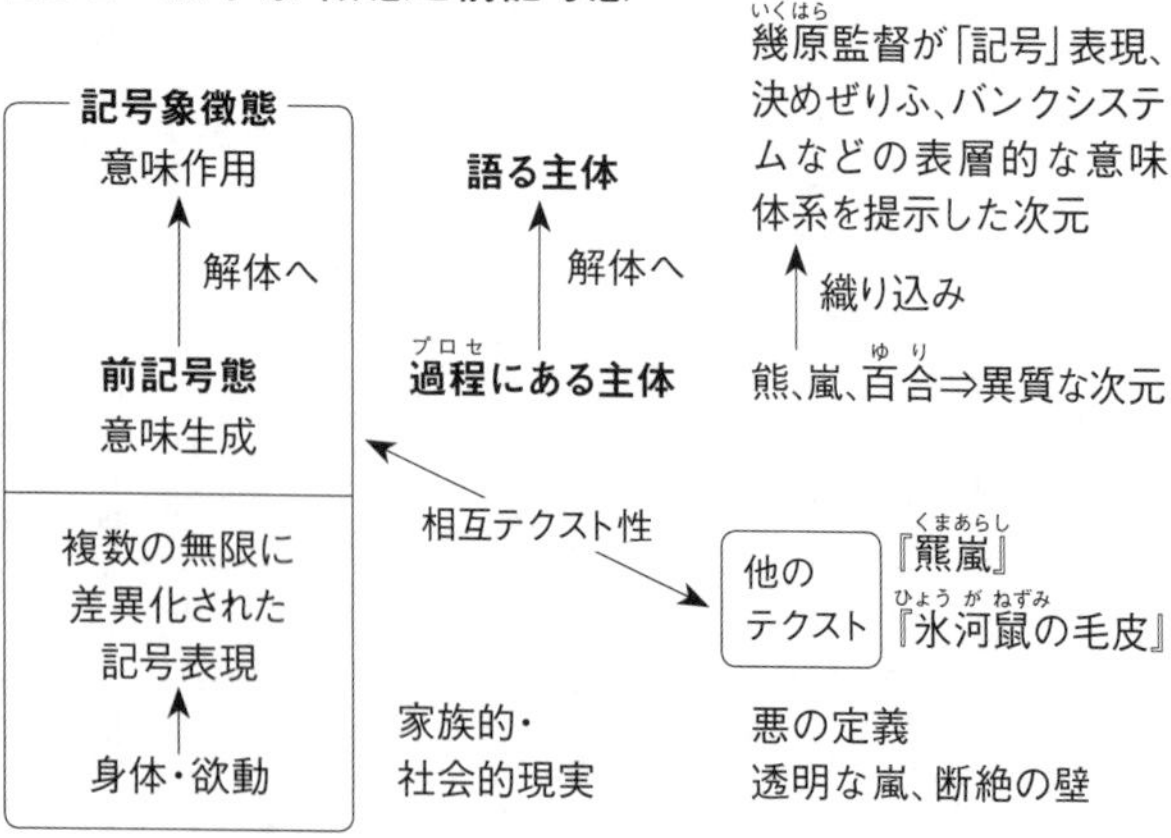

＊あくまで便宜上の思考マップであり、詳しくは本文にて。

なぜならある人間が「過程《プロセ》にある主体」になる（生成変化する）ということは、自ら生成と崩壊の途上にあるということだし、「前記号態」は彼／彼女の身体や欲動といったドロドロして深さや厚みのある次元だからだ。

クリステヴァが分析したマラルメの詩のような「ポリロゴス」（Polylogue、多数の論理という意味で、詩的言語は散文と異なり、リズムや旋律《せんりつ》などにより言語の意味が複数となるさまを表した用語）的な言語記号を分析するには有効かもしれないが、アニメのような「ポスト・ポリロゴス」的で、言語記号とともにさまざまな映像記号からなるインフォテインメント（情報娯楽）の分析に筋道立てて使うのは骨の折れる作業であり、それだけで一冊の本を書くほどの言葉を費やさねばならないであろう。

そこで以下、『ユリ熊嵐！』と他の作品との関係性、いわゆる相互テクスト性の問題（迂回《うかい》ルート）を経由して、「クマ」と「嵐」といったキーワードから本作の「前記号態」の次元にアプローチしてみよう。

相互テクスト性

『ユリ熊嵐！』に影響を与えた作品としてまずあげられるのが、吉村昭《よしむらあきら》が七七年に出版した歴史小説『羆嵐《くまあらし》』である。

吉村は『戦艦武蔵《むさし》』で歴史小説に新境地をひらいたが、徹底して資料（史料）を読み込むだけでなく、現場におもむいて事件の証言を集める類の作家で、『羆嵐』も木《き》村盛武《むらもりたけ》の「獣害史最大の惨劇苫前羆《とままえひぐま》事件」という資料を参考にするだけでなく、木村や事件の関係者から取材を行って執筆したらしく、まるで事件を目撃した当事者のような臨場感に溢れた小説に仕上がっている。

簡略に話を紹介すると、北海道の貧しい開拓村・六線沢《ろくせんさわ》である日、羆《ひぐま》が人間を襲ったため六名が犠牲となる。そこで村の区長は「氷橋《すがばし》」を境界と定め、警察の出動を要請するものの埒《らち》があかないため、銀四郎《ぎんしろう》という羆《ひぐま》撃ちの名人のマタギにその打倒を要請し……という展開である。

『ユリ熊嵐！』への影響は三点に整理できる。

一つは、作品タイトルへの影響であることがすぐ分かると思うが、この羆嵐とは「クマを仕とめた後には強い風が吹き荒れる」という地元の伝承である。興味深いのはこの「強い風」を「透明な嵐」、すなわち空気の読めない学生の排除の儀として転用したことだろう。

二つ目は、羆を六線沢の村落内にとどめるため「氷橋」を境界としたことである。これはクマの襲来を防止するため作られた「断絶の壁」というアイデアに繋がっていると想像できる。

三つ目は、銀四郎という羆撃ちの名人が、東北や北海道などで古い方法を用いて狩猟を行う「マタギ」だという点である。これは紅羽のキャラクター設定がもともと「マタギ」であったとのキャラデザの原案者・森島の証言から裏をとれるし、その痕《こん》跡《せき》が紅羽のベッドの上に飾られた装束《しょうぞく》にある（マンガ版では父が「マタギ」という設定）。

とはいえ吉村の『羆嵐』は歴史小説であり、『ユリ熊嵐』のようなメタフィクションとはまったく雰囲気が異なる。たとえ準備段階でこの作品を読んでおくようにと指令が出た（シリーズ構成者・伊神の証言）、またはさまざまな痕跡を残しているということはあっても、その後の企画会議で設定が追加・変更され、今日私たちが観る作品へと昇華している。

ではその過程で幾原はどういう作品からインパクトを受けたかを、大胆に推理してみたいが、それは前作『輪るピングドラム』で鍵を握った『銀河鉄道の夜』の作家・宮沢賢治の『氷河鼠《ひょうがねずみ》の毛皮』や『なめとこ山の熊《くま》』であると推察される。ここでは紙幅の都合で前者のみ紹介する。

前章の最後で述べたように、賢治の心の理想郷ともいうべき架空の都市の名が「イーハトーブ」である。この都市名はエスペラント語（ポーランドの言語学者ルドヴィゴ・ザメンホフらが考案した人工言語）で故郷の岩手県を発音したものなのだが、いわば架空の都市を創設し、それによって正統と認められた歴史の改変を賢治は試みたと考えられる。

物語の事件はこの「イーハトーブ」（作品中での表記はイーハトヴ）から、「氷河鼠」のようなひどい吹雪が吹く只中に出発したベーリング（アラスカと思われる）行きの列車の中で起こる。すなわちスパイだった赤ひげの手引きにより白熊が列車を襲撃する事件が発生するのだ。その際乗客の一人であった青年が次のように叫ぶ（『なめとこ山の熊』でも同じようなせりふがある）。

『おい、熊ども。きさまらのしたことは尤《もっと》もだ。けれどもなおれたちだつて仕方ない。生きてゐるにはきものも着なけあいけないんだ。おまへたちが魚をとるようなもんだぜ。けれどもあんまり無法なことはこれから気を付けるように云《い》ふから今度はゆるして呉《く》れ。ちよつと汽車《きしや》が動いたらおれの捕虜《ほりよ》にしたこの男（注、赤ひげのこと）は返すから』

白熊たちは「『わかったよ。すぐ動かすよ』」とそれに応じ、事件は収束するのだが、この一連のやりとりは、『ユリ熊嵐！』冒頭のプロローグと響き合っていると思われる。

小説版から引用すると、「熊は壁などものともせず、人を食べることをやめなかった。それは、人間を憎んでいるからではない。ただ、熊がそういう生き物だからだ」とある。つまり『氷河鼠の毛皮』で青年が述べた、ヒトが熊の毛皮を剝《は》いで着物にするのと同じように、熊が命を維持するためヒトを襲うのは「仕方がない」と『ユリ熊嵐！』の話者は考えているのである。

このようなヒトと熊との殺す／殺される、あるいは食べる／食べられるの関係性は、マタギと熊との関係、さらにいえばアイヌのクマ祭りに象徴される世界観を反映している、と私はみている。

アイヌのクマ祭りと世界観

アイヌ民族の立場からアイヌ語を学際的に研究し、とりわけ東北や北海道の地名をアイヌ語で解読するなどし、アイヌ学を推し進めた言語学者が知里真志保《ちりましほ》である。

マタギ（一説ではマタギはアイヌ語で「冬の人」）は、冬季に鉄砲を使ってクマをはじめカモシカやウサギなどの動物を獲物《えもの》に狩猟を行うが、その起源は古墳～平安時代まで遡《さかのぼ》れる。

知里によると、マタギが使う山言葉にはアイヌ語の北部方言（サハリン方言）の色彩が見いだされるという。たとえばマタギはヒトやクマの頭のことをハケというが、これはアイヌ語のパケ、心臓のことをサンベというが、これはアイヌ語と同じであるという。

彼らの宗教観もアイヌ文化由来と思われるものがある。たとえば獲物が捕れるようにと山の神を讃《たた》える儀式が有名だ。詳細を語る余裕はないので、（修験道《しゅげんどう》の影響も色濃い）マタギ文化のベースにアイヌ文化があることを念頭に置いてほしい。

他方、アイヌ民族もまた冬季にクマなどを獲物とした狩猟を行い、その季節の初めに盛大な祭りを催《もよお》し、山の神に山の幸《さち》を授けてくれるように祈った。

これがいわゆるクマ祭り（イオマンテ）である。

まず春先に穴グマ猟で捕獲した子グマを、一年から数年ほど飼育する。そしてそのクマを狩猟を行う前の秋から冬にかけて殺し、神の国へ送り帰すという祭りである（考古学者の瀬川拓郎《せがわたくろう》によると、縄文時代はクマでなくイノシシだったらしい）。

要するに狩猟のシミュレーションを行う祭りなのだが、興味深いことはクマがヒトに狩り殺されることを、アイヌ語で「マラプト・ネ」、日本語でいえば「賓客《ひんきゃく》・となる」と称する点である。つまりクマが死ぬことで山の神はクマの肉体から解放され、本来の霊的な姿に立ち戻り、ヒトの家の客人になるということである。

これを知里はアイヌ民族と和人など異民族との交易という社会経済史的な事実を反映しているとみるが、交易だけでなく人的な文化交流の側面もあると思われる。

このようなマタギ文化、またそれに影響を与えたとされるアイヌ文化の世界観は、宮沢賢治の『氷河鼠の毛皮』や『なめとこ山の熊』に巧みに組み込まれた。そしてその賢治の作品を通してではあろうが、『ユリ熊嵐！』の世界観と地下水脈で繋がると私は思う。

興味深いことは、『ユリ熊嵐！』においては、ヒトとクマとの関係が逆転しているところだ。つまり断絶のコートで「ユリ、承認！」されると、クマ少女である銀子とるるは、クマからヒトへと華麗に変身する。要するにクマがヒトの格好をしてヒトになりきるわけである。

ところが最終話では、ネタバレにならない程度で表現すると、紅羽によりその立場が再逆転する。その結果、見事にヒトとクマとの関係、端的にいえば銀子と紅羽との「スキ」（愛）のドラマが昇華されるわけである。また純花が、最終話で○○（伏せ字）として復活したのは、彼女がヒトの肉体から解放され、本来の霊的な姿に立ち戻ったのだと考えることもできる。

宗教学者の中沢新一《なかざわしんいち》によると、クマほど畏怖《いふ》の対象となると同時に、親しみのこもった友愛の気持ちをかきたてる動物はおらず、古い時代からクマとヒトとは尊敬し合って、共生関係を築いてきたという。中沢はアタパスカン族というネイティヴ・アメリカンに伝わる有名な「クマと結婚した女」の神話を紹介しているが、ヒトとクマとの間には古くからお互いを繋ぐ通路が存在していた。

これは中沢が近年主張している「対称性人類学」の例としてあげられたものだが、たしかに「対称性」を生きるヒトにとって、森の王者たるクマは自然界での最良の友人なのだろう。

中沢へのインタビューで、「クマは皮をはぐと……女性のように色が白くて、まるで裸の女みたい」だという興味深い話がある。この事実を知りつつ、『ユリ熊嵐！』におけるクマ少女の華麗なる変身をみるのも一興かもしれない。

かわいいクマと前記号態

さて今度はテディベアのようなかわいいクマについて考えたい。

私が想像するに、読者の中、とくにお子さんのいる家庭などではクマのぬいぐるみを数体、有しているのではないだろうか。フィギュアスケートの羽生《はにゅう》結弦《ゆづる》選手が好むくまのプーさんもそうだが、ぬいぐるみの定番はやはりクマであろう。私もドイツのシュタイフ社のテディベアや、森チャックの創作によるグルーミーをはじめ、数多くのクマが自宅のあちらこちらに飾ってある。

首と手足が動かせるタイプのものは、一九〇二年にシュタイフ社が作った「55PB」が最初のものらしいが、やがてアメリカ人のバイヤーの手によりテディベア・ブームが起こったという。要するにここ一世紀以上人気があるのがクマのぬいぐるみであり、首や手足を自分の好きな角度に動かしたり、話しかけたりして「癒やし」のパートナーにしているわけである。

しかしよく考えたらクマは一般的にどう猛な動物とされ、近年人里に下りてくるクマを害獣として駆除する場合も多々ある。つまり「怖いけど、かわいい」という両義性を帯びた動物なのである。

これをぬいぐるみにするというのは、ヒトの歴史で考えると、「文明化」のプロセス（自然の支配とそれによる自己保存）を意味すると思われる。つまり野蛮な自然を馴致《じゅんち》（飼いならし）し、それによって安心をえるということだ。

またドイツの哲学者ヴァルター・ベンヤミンが、昔の玩具《がんぐ》に関していうように、ぬいぐるみは「民俗学、精神分析、美術史、新造形運動にとって……多くを教えてくれる対象」でもある。

このように考えると、『ユリ熊嵐！』におけるクマもまた「怖いけど、かわいい」という両義性を帯び、幾原監督だけでなく、私たち視聴者の身体や欲動といった生物学的な現実、先述したクリステヴァがいう「前記号態」を揺り動かす。

逆にいうと、本作の表層的な「記号象徴態」、すなわち「記号」表現、決めぜりふ、バンクシステムなどの意味体系の次元が粉砕すべき一次的な枠組みとなり、私たちもまた自分自身の身体や欲動を自覚せざるをえなくなるとともに、家族や社会的現実という外部を考えざるをえなくなる。そこから本作のテーマが明らかになるというのが私の読みである。

そこで以下、「透明な嵐」と「断絶の壁」がどのような社会的現実とリンクしているのかを考えていきたい。

透明な嵐、断絶の壁、そして……

幾原監督へのインタビューによると、『ユリ熊嵐！』では「悪というものを、どう定義するか」を描きたかったという。

たとえばヒトは里に下りてくるクマを害獣として駆除するが、クマにとってはエサで生命を維持するためという切実な目的がある。近年どんぐりが不作で、里山が荒廃したこともあり、人里に出没するといわれているが、これを「悪」とすることはできないだろう。

他方、本作では空気の読めない学生は「透明な嵐」と呼ばれる排除の儀が行われるが、これは現実では仲間はずれ型のいじめを想起できる。

日本社会では、村掟《むらおきて》に違反した者への制裁として村民との交際を絶つ「村八分《むらはちぶ》」というものがあった。言葉自体は江戸時代のものだが、それ以前からこの手の制裁はあり、かつ今日の例でいえば同じ大学のゼミで学んでいる、あるいは同じ会社で働いているのに、飲み会に誘われないといった仲間はずれはふつうに存在する。ゆえにこれは本作の用語を使うなら「透明な嵐」ということができるだろう。

この排除の儀が一〇年代的なリアリティを持っているのは、ゼロ年代後半以降、ソーシャルメディアが急速に普及し、多くのヒトが使用するなかで、たとえば「ネットいじめ」や、それより激しい「ネットリンチ」といった出来事が起こっていることを想起すれば分かるだろう。

『ユリ熊嵐!』では排除の儀を行う際に、スマートフォンが使われ、液晶画面をスワイプし、人物をセレクトするだけで、排除する「悪」が決められる。要するに、指先だけで「悪」が決定されるという今日のネット環境の負の側面のような「悪」が定義されているわけだが、逆にいえば「空気を読む」ことだけがその「悪」にならない処《しょ》世術《せいじゅつ》となっている。

この「透明な嵐」とともに「断絶の壁」も「悪というものを、どう定義するか」という幾原監督の問題意識を考える上で重要性を帯びている。

設定では、小惑星が爆発を起こし地球へ流星群となり降り注いだ結果、クマが一斉蜂起してヒトを襲いはじめ、その襲来を防止するため「断絶の壁」を作ったわけだが、これがリアリティを有するのは、たとえばかつての「ベルリンの壁」や、今日も存在するイスラエル西岸地区の「分離壁」（付け加えれば、トランプ大統領が主張するメキシコ国境との壁）のアナロジーとして読むことが可能であることだと思う。ここではヒトとクマではなく、ヒトとヒトつまりヒト－間で（人間が）壁を作って、政治、宗教や社会経済的イデオロギーに基づき、他者の排除を行っているわけである。

とはいえ私は「断絶の壁」よりも、むしろ「ともだちの扉」の方が監督のさらなるテーマを考える上で重要だと思う。

この「ともだちの扉」には、自分の姿を映しだす一枚の大きな鏡がついている。作中に出てくるクマリア様（名称は「クマ＋マリア様」なので、聖母マリアのイメージを重ねていると考えうる）は明言する。「その向こうに、あなたの本当の『友だち』が待っているでしょう。鏡に映る己が身を、千に引き裂《さ》き、万に砕けば、『友だち』に『約束のキス』を与えることができるでしょう」と。つまり「鏡に映った自己」を引き裂き、それを粉砕することにより、他者との友愛（「スキ」→「キス」）が約束されるということである。

ここには神の取りなし役（その役割は教派ごとに違いがあるが）とされる聖母マリア様に由来する、「罪の告白と赦《ゆる》し」という疑似キリスト教的な「悪」を乗り越える究極のテーマが見いだしうる。そういう意味で、最終話において「ともだちの扉」が浮かび上がるはずの花壇の前で、動作不良として打ち捨てられていたメカこのみを、狙撃手であった亜依撃子《あいうちこ》が抱きしめるシーンが「罪の告白と赦し」を象徴するものとして心に残った。なぜなら二人は排除の儀（悪）を行っていた当事者だったからだ。幾原監督のみならず、オーディエンスである私たちの身体や欲動といった生物学的な現実、あるいはそれをベースとした（好きだけでなく嫌いを含めた）感情をも揺り動かす名シーンであった。

※付言：アニメ版のキャラデザ原案を担当した森島明子作画によるマンガ版『ユリ熊嵐！』（全三巻）がある。こちらは「万物のアルケー《はじまり》（根源）はクマである、テロス《おわり》（目的・完成）を変革するのはユリである！」（丸括弧の中は筆者注）とのコンセプトで、アニメ版とは相違した物語が展開しており、とても意義深い。アニメ版の裏バージョンというより、むしろそれを「脱構築」（Déconstruction、組み立て直）した作品だと思う。作画も素敵でなおかつ一読の価値があるので是非。

百合の歴史

さて『ユリ熊嵐！』は、「百合」という女同士の「スキ」（好き）を扱った作品でもある。そこで本章の最後に日本独自に発展した「百合」文化についてまとめたい。「百合」を明確に定義することは困難で、十人十色の解釈はあるが、とりあえず「関係性消費」の文脈で「女同士の関係性（絆）」を表現したもの、脚本家の綾奈《あやな》ゆにこが端的にいう「きゃっきゃうふふの関係」を描写したものとしておこう。

本書は一〇年代アニメ論なので、近年のアニメの話を中心としたいが、入門の意味も兼ねてまずは簡単に「百合」の歴史をふりかえる（図3-3参考）。

日本の戦前は、高等教育での男女共学は少なく、女性は男性のいない女学校に通った。ここで人気を博し「女学生のバイブル」と称されたのが、吉屋信子《よしやのぶこ》が一九一六年から二四年にかけて随時発表した『花物語』である。

五四の短篇からなる本作が、それ以前の少女小説と異なるのは、母や家との関係ではなく、女学校を舞台に、そこに通う女同士の関係性（絆）、すなわち「エス（S）」を描いた点だと思う。この「エス」はSisterの頭文字をとった隠語で、今日の「百合」にほぼ該当するが、この「エス」を描いた作品は三〇年代にピークを迎え、たとえば川端康成《かわばたやすなり》名義の『乙女《おとめ》の港』（じつは中里恒子《なかざとつねこ》との合作）などもその流れにあたる。

戦後は、女学校が解体され、評論家の藤本由香里《ふじもとゆかり》がいうように、少女向け雑誌においても男女の恋愛を扱うことが許されたこともあり、「エス」はいったん衰退する。

とはいえ少女文化全体をみた場合、女同士の関係性（絆）を描いたものは多く、七〇年代から八〇年代のマンガだったら、山岸凉子《やまぎしりょうこ》の『白い部屋のふたり』、一条《いちじょう》ゆかりの『摩耶《まや》の葬列《そうれつ》』、吉田秋生《よしだあきみ》の『櫻の園《さくらのその》』など、やがて「百合」というカテゴリーで論じられるような作品が増えてくる。このうち『櫻の園』は、中原俊《なかはらしゅん》監督により九〇年と〇八年に実写映画化されているので観ておきたい。純文学フィールドでは、松浦理英子《まつうらりえこ》の『ナチュラル・ウーマン』や（九〇年代デビューではあるが）中山可穂《なかやまかほ》の『白い薔薇の淵《ふち》まで』などをあげたらいいだろう。

九〇年代になると、女同士の関係性（絆）を描いた作品は増加するとともに、その内容も過激なものを含め変わっていくが、幾原が関わった「美少女戦士セーラームーン」シリーズに天王《てんおう》はるかと海王《かいおう》みちるという「百合」ともいえるカップルが登場し、同人誌のネタとして消費・再生産された。また『少女革命ウテナ』も「百合」の文脈で捉えられ人気を博した。

つまり『ユリ熊嵐』の幾原監督はそもそもこの文化のアイコンでもあったのである。

他方ライトノベル（ジュブナイル）では、九八年から今野緒雪《こんのおゆき》の『マリア様がみてる』（以下、『マリみて』）が刊行され、〇四年にアニメ化されたこともあり、男性のファン（オタク）も「百合」に注目するようになった（一〇年に寺内康太郎《てらうちこうたろう》監督により実写映画化）。この「百合」という言葉自体は、七〇年代に『薔薇族』の編集長であった伊藤文學《いとうぶんがく》が提唱したものだが、ポップカルチャーで広く使われだしたのは『マリみて』あたりからだと記憶している。

ゼロ年代にはいると、専門誌としてマガジン・マガジンから〇三年に『百合姉妹』が創刊され、〇五年にその後継として出版社を移して一迅社《いちじんしゃ》から『コミック百合姫』

図3-3
百合《ゆり》文化の主な流れ

戦前
1916年〜
吉屋信子《よしやのぶこ》『花物語』
エス
↓
戦後
70〜80年代
マンガ・文学
百合文化
↓
90年代
『少女革命ウテナ』の衝撃
『マリみて』の人気
↓
ゼロ年代
『百合姉妹』
『コミック百合姫』
百合アニメの先駆
↓
10年代
❶空気系の人気
❷『まどマギ』の衝撃
❸男子の参入

百合アニメ
『ゆるゆり』の人気
※百合文化の変容

が刊行された。また芳文社《ほうぶんしゃ》から〇九年に『つぼみ』、新書館から一〇年に『ひらり、』が相次いで発行されたが、ともに現在は休刊なので、旧作はともかく新作は、一迅社の『コミック百合姫』の作品群（と二次創作の同人誌）を中心として今日の百合文化は形成されていると結論付けてかまわないだろう。

一〇年代の百合文化

とはいえ一迅社の『コミック百合姫』界隈《かいわい》だけが百合文化ではないのも事実である。一〇年代の百合文化は拡散とともに、男性の読者が増えていったことによる「百合」の定義の揺らぎを特徴とする。これは複雑な問題をはらむが、まず背景を箇条書きで整理してみよう。

①ゼロ年代後半からの空気系（日常系）の人気。
②一一年にテレビ放映された『魔法少女まどか☆マギカ』（以下、『まどマギ』）の影響。
③男子禁制の解除。

①の空気系は、『らき☆すた』『けいおん！』など日常生活を延々と描いた作品のことで、本格的な恋愛が排除され、複数の美少女キャラが配置されるなどした。登場する美少女には性の匂いを消したキャラが多く、「百合」的だった。

②の『まどマギ』は、ゼロ年代アニメの総決算にして、一〇年代アニメに「絶望少女もの」という新しいジャンル展開を促した（前著五九〜六三頁参考）。魔法少女五人のうち、鹿目《かなめ》まどかと暁美《あけみ》ほむらの関係に「百合」を見いだしたファンにより、二次創作が活況を呈した。

③の男子禁制の解除とは、男性の読者が増え、従来女性のものとされた百合文化に男性視点がはいり、彼らが消費することにより、良くも悪くも変容を余儀《よぎ》なくされたということ。その結果、現在もつづく「百合」定義論争が行われている。

ではゼロ年代の百合アニメはどうであろうか。

アニメ化された作品として先述した『マリみて』以外に、〇六年には『ラブライブ！』で一躍注目をあびた公野櫻子《きみのさくらこ》のラノベ原作の『ストロベリー・パニック』（以下『ストパニ』）、〇九年にはいけだたかしのマンガ原作の『ささめきこと』と、志村《しむら》貴子《たかこ》のマンガ原作の『青い花』などがある（〇六年の『シムーン』は「百合」要素はあるものの基本はＳＦアニメだと思うので保留する）。『ストパニ』は、三つの女子校が立ち並ぶ丘を舞台として、エトワールの称号を有する上級生と彼女に気に入られた下級生の女子校ライフを描いたもの。また『ささめきこと』は、女子校を舞台に同級生との甘酸っぱい思春期を描いたもの。そして『青い花』は、鎌倉を舞台に別の女子校に通う二人の再会後を描いた作品である。三作とも思春期ならではの切ない女性心理が描写されており、おおむね高評価を獲得している百合アニメのマイルストーンである。

そして、一般的に百合人気を押し広げた画期的なアニメが一一年にテレビ放映された。それが、なもりのマンガを原作にした『ゆるゆり』である。

廃部となった茶道部の茶室を舞台に、「ごらく部」の四人を中心とした女子中学生のまったりした日常を描いたので、空気系アニメファンをも取り込み人気をえたが、先のゼロ年代後半の三作と比較すると、ギャグ的な要素が前面に出ているところ（たとえば生徒会の連中との戦い）も特徴であり、いわば「空気系」「ゆるい百合」「ギャグ」の三要素が巧みにブレンドされた作品である。同人誌による二次創作も盛んであったし、一〇年代の百合文化に与えたインパクトは大きいだろう。

その後一〇年代にアニメ化された「百合」系の主なものに、一四年の三作、すなわち、くずしろのマンガ原作『犬神《いぬがみ》さんと猫山《ねこやま》さん』（以下『犬猫』）、高河《こうが》ゆんのマンガ原作『悪魔のリドル』、タチのマンガ原作『桜Trick』、一五年の『ユリ熊嵐！』をへて、一七年のコダマナオコのマンガ原作『捏造《ねつぞう》トラップ－NTR－』（以下『捏造トラップ』）、そして一八年のサブロウタのマンガ原作『citrus《シトラス》』がある。『犬猫』『悪魔のリドル』『桜Trick』『citrus』も論じ甲斐はあるが、新しい傾向という意味で『捏造トラップ』に注目したい。

本作は男女共学の高校を舞台に、天使なのに小悪魔な水科蛍《みずしなほたる》が幼なじみの岡崎由真《おかざきゆま》を性的に誘惑する。他の作品との違いは二人とも彼氏持ちであることだが、何より作者がいうように彼氏を交えた昼ドラ顔負けの物語が展開されている。

アニメ化されたものに限らず、「百合」の作品は「女同士の関係性（絆）」を描いたものなので、どちらかといえば繊細で、切なかったりやさしかったり、ギャグ的な要素があろうともゆるさがあったりするのが王道だろう。

近年の『コミック百合姫』を毎月読んでも、王道の「百合」作品が九割以上を占めており、男性キャラクターが女同士の「ホモソーシャル」（Homosocial、同性間）な関係に介入する作品は稀《まれ》である。「百合」の美学に男が介入する「ヘテロフレキシブル」（柔軟な異性愛）が、百合文化の正統か否かという議論は判断保留するが、男性読者の増加とともに良くも悪くもさらなる変容を余儀なくされつつあるのが実情だろう。

百合文化の今後を占う上で、『捏造トラップ』のようなイレギュラーな作品は注目すべきだと考えている。

※付言：英語圏で友情以上恋人未満の女同士の関係性（絆）にあたる単語は、「ロマンシス」（Romansis）や「ウーマンス」（Womance）であるが、男同士のそれを意味する「ブロマンス」（Bromance）ほどには使われておらず死語に近い。したがって日本の「百合」を「シスロマンス」（Sisromance、略称シスロマ）と呼称したらどうかということを、『週刊読書人』で提言した。これは「エス」の伝統を念頭に置いて和製英語として造語したもの。語呂がいいので、個人的には気に入っている。

第2部

人間ドラマ

第4章　『ラブライブ！』グループアイドルと自分探し

AKB48のアーキテクチャ

一〇年代に一大ブームを巻き起こし、日本国内のみならず欧米やアジアでも「ラブライバー」と呼ばれる熱狂的支持者を生んだのが、『ラブライブ！』である。この作品に登場するμ's（ミューズ）という名のスクールアイドル（詳細は後述）は、男女問わず人気を集めた。他方、現在の音楽ヒットチャート（CDシングルの売り上げ）をみてみると、AKB48および「48グループ」、その派生グループとして展開されている乃木坂《のぎざか》46、欅坂《けやきざか》46（＋けやき坂46）の坂道シリーズ、そしてジャニーズ事務所所属の嵐、関ジャニ∞《エイト》やHey! Say! JUMPがトップ二〇を占めており、こちらの世界でもグループアイドルが席捲《せっけん》している（**巻末二八五〜二八六頁のデータ参考**）。

図4-1　AKB48のアーキテクチャ

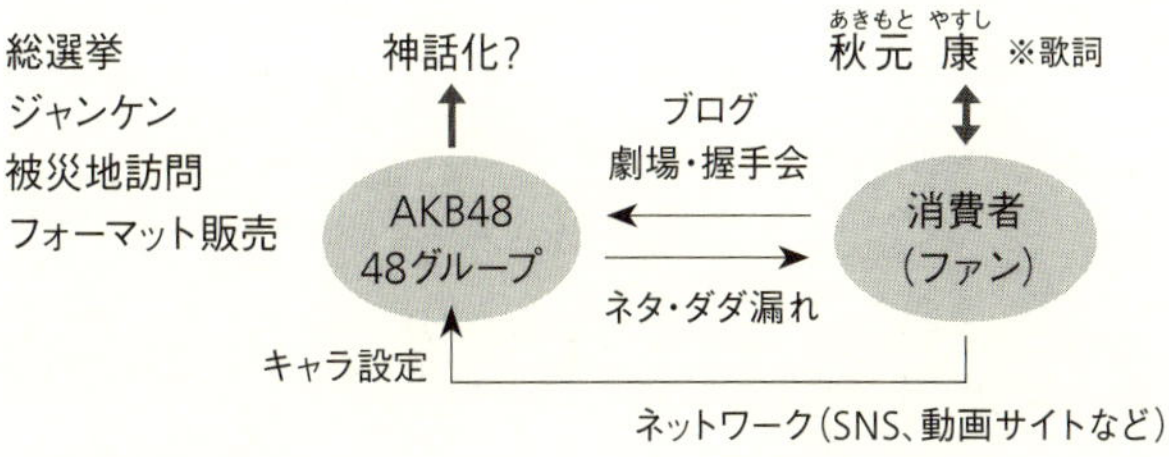

＊乃木坂《のぎざか》46、欅坂《けやきざか》46（＋けやき46）の坂道シリーズは、劇場・総選挙・ジャンケン大会・被災地訪問などはなし。

じつは本章にてフィクションである『ラブライブ！』をとりあげるにあたり参考になるのが、現実のグループアイドルの運営方法である。

そこでまず二〇〇五年に結成されたＡＫＢ48のそれをとりあげよう。これに関してはゼロ年代後半から一〇年代初めにかけて、評論家の宇野常寛《うのつねひろ》や社会学者の濱野智史《はまのさとし》が行ったすぐれた議論がある。それらを参考に、ＡＫＢ48および「48グループ」のアーキテクチャ（設計思想）を図示すれば**図4-1**の通りである。

ＡＫＢ48はもともと「会いに行けるアイドル」というコンセプトで秋葉原の専門劇場での公演が主体だった。したがってそこでファンが見聞きした情報は「ネタ」としてネットワーク上に投下・共有（ときに炎上）され、それがメンバーの「キャラ」設定となり定着する。これは「48グループ」が国内で六つに増え、劇場だけでなく、テレビを通じてお茶の間の人気をえ、結果的に国民的グループに成長した現在もさほど変わらないだろう（〇八年以降、名古屋市の栄《さかえ》を拠点とするSKE48をはじめ、大阪〔難波《なんば》〕のNMB48、福岡〔博多《はかた》〕のHKT48、新潟《にいがた》のNGT48、瀬戸内《せとうち》のSTU48が相次いで傘下に加わった）。

要するに「消費者生成メディア」（CGM、Consumer Generated Media）によってメンバーの「キャラ」が作られ、それに沿う形で秋元康《あきもとやすし》、もしくは運営や所属事務所が二次創作的にメンバーの「キャラ」演出を施す。たとえばネット上のさまざまな意見を交えると、NMB48の山本彩《やまもとさやか》の場合、「クール・ドS・マジメ・オモロイ」に付け加えて、『歴史秘話ヒストリア』（一六）における大奥の天英院《てんえいいん》役で「いけず」。あるいはHKT48の宮脇咲良《みやわきさくら》の場合、「天然・マジメ・正統派」にプラス、ドラマ『豆腐《とうふ》プロレス』（一七）出演後は「頑張り屋」という具合である。そして「キャラ」だけでなく、メンバー間の「関係性」（絆）すら演出が行われる場合が多々あるようだ。

これはフランスのポスト構造主義者ジャン・ボードリヤールの考え方をもじってい

えば、アイドルという商品は「キャラ」や「関係性」の演出により、物としての直接の有用性に仕える「使用価値」を有するだけでなく、市場やネットで持つべき「交換価値」に結び付いた「記号／モノ」（「記号」としての機能を担う「モノ」）としても働く。そして私たちは、その「記号／モノ」であるところのアイドル、たとえば山本彩や宮脇咲良を気に入り「推《お》しメン」とし、身も蓋もなくいえば「金銭」をつぎ込むわけである。

またAKB48および「48グループ」の新しさは、かつてのアイドル、たとえば山口《やまぐち》百恵《ももえ》や松田聖子《まつだせいこ》のような別世界の存在ではなく、私たち消費者が現実世界で育成するアイドルである点だとよく指摘される。まさに〇五年前後に始まったソーシャル・ネットワーク時代の産物であるが、同時に経済学者の田中秀臣《たなかひでとみ》がいうように、九七年にはじまったといわれるデフレ不況時代の若者にターゲットを絞ったマーケティング戦略の勝利でもある。これは現実では他のグループアイドルのアーキテクチャ、またフィクションでは『ラブライブ！』を代表とするアイドルもののアニメへも大なり小なり影響を与えているだろう。

また毎年六月に行う選抜総選挙による「序列」（Hierarchy）化という厳しさ（社

会学者の清家竜介《せいけりゅうすけ》が指摘する「犠牲のシステム」）がある一方、九月から一〇月に行うジャンケン大会による「偶有性《ぐうゆうせい》」（Contingency、運）という序列を清算する方法を導入しているのも、アーキテクチャを硬直化させない仕組みとして秀逸である。そして一一年の東日本大震災直後から、被災者支援のため毎月一回、東北各地の被災地において無料のミニライブを行っており、「社会貢献」（Social Contribution）の点でも評価できる。

とはいえこれらのアーキテクチャは、必ずしもうまくいかない面もある。さまざまな問題が生じているが、とりわけ海外戦略の失敗、すなわち一六年の上海を拠点とするSNH48との決別は、海外展開をするにあたって採用された「フォーマット販売」というやり方のミスだと思われる。この「フォーマット販売」とは、AKB48のアーキテクチャを権利として売る方法であるが、国や地域が異なれば、法、文化やビジネス慣行が相違するのは当たり前であり、契約の段階で一定の「縛り」（制限）を与えないと、海外では通じないのではないだろうか。

さあAKB48および「48グループ」のアーキテクチャを枕にして、『ラブライブ！』の分析に移ろう。

『ラブライブ！』のアーキテクチャ

『ラブライブ！』がテレビアニメとして放映されるのは一三年以降であるが、このスクールアイドルプロジェクト自体はその約二年半前の一〇年から動き出した。

すなわち『ラブライブ！』は、一〇年、アスキー・メディアワークス、ランティス、サンライズの三社により始動したプロジェクトで、六月に雑誌『電撃G's magazine』で連載がはじまり、シングル曲が次々とリリースされた。また読者参加企画として「センターポジション争奪選挙」を行ったり、三人一組のミニユニット（Printemps、BiBi、lily white）も投票によってメンバー構成を決定するなどしたが、この二つの仕掛けは、ＡＫＢ48の総選挙などの影響があると思われる。つまり現実のグループアイドルのアーキテクチャが採用されたわけである。

また一〇年一一月、読者投票によりスクールアイドルのグループ名がμ's（ミューズ）と決定した。

このグループ名は、ギリシア神話の詩歌を司る女神「ムーサ」（Musa）の英語名「ミューズ」（Muse）由来である。オリュンポスの主神ゼウスと女神ムネモシュネの間に生まれた九柱《はしら》からなるムーサたちは、パルナッソス山（ヘシオドスの『神統記《しんとうき》』

ではヘリコン山）に住むとされるが、μ'sは秋葉原と神田と神保町の狭間にある街が舞台なので、さしずめ神田明神《かんだみょうじん》に集まる女神たちという案配《あんばい》のグループ名である。

それはともかくアニメ化される以前からシングル曲を五枚リリースするだけでなく、声優がμ'sとしてワンマンライブなどを行っているので、因果性のジレンマ「卵が先か鶏《にわとり》が先か」ではないが、声優がアニメのキャラクターとして本格的に動き出す前から活動を行っていることも注目に値する。

さてようやくテレビアニメ版『ラブライブ!』のスタートである。

原案は『シスター・プリンセス』(〇一)や『ストロベリー・パニック』(〇六)の文芸設定で名高い公野櫻子《きみのさくらこ》、監督はシングル曲のPVを担当していた京極尚彦《きょうごくたかひこ》、シリーズ構成者・脚本家は『中二病でも恋がしたい!』(一二〜一四)、『ノーゲーム・ノーライフ』(一四、一七)、『響け! ユーフォニアム』(一五、一六)などで知られる売れっ子の花田十輝《はなだじゅっき》である。顔ぶれをみただけで、磐石の備えであることが分かる。

まず一三年にテレビ放映された第一期の一クール全一三話のストーリーを簡潔に紹介しよう。

すなわち秋葉原と神田と神保町の狭間にある街に存在する国立・音ノ木坂《おとのきざか》学院は、

少子化やドーナツ化現象（市街地の人口が減り、郊外の人口が増える人口移動現象）の影響により、生徒数が減少し、統廃合の危機にあった。それを知った高校二年生の高坂穂乃果《こうさかほのか》は、スクールアイドル活動により校名をアピールすることを企図し、仲間集めに奔走する。努力の甲斐があり九人組となり、μ'sというグループ名でスクールアイドル大会「ラブライブ！」の出場を目指すが……という展開である。

花田へのインタビューによると、監督からは「スポ根モノのノリで数々の困難を乗り越える、成長していく女の子たちの物語にしたい」との要望があったという。そこで花田はその要望にプラス自分自身の「日常ものの楽しい女の子たちの物語にしたい」という希望を入れながらストーリーを練っていった。

その結果、①ビルドゥングスロマン（主人公がいろいろな体験をへて自己を形成していくプロセスを描いた小説、いわゆる教養小説）風の「スポ根モノ」に加えて、②『けいおん！』など女の子の日常生活を描いた空気系のような柔和な要素が取り入れられたが、後者の意味でいえば、同時にアイドルものであるので恋愛が排除されている。また原案は『ストロベリー・パニック』の公野なので、③百合《ゆり》的な要素も伏流していると考えられる（絢瀬絵里《あやせえり》と東條希《とうじょうのぞみ》のデュエット曲「硝子《がらす》の花園《はなぞの》」参考）。

要するに、スポ根、空気系、百合。これが『ラブライブ！』の三大要素であると思われる。

第一期にみる脚本術

ではこの第一期のアニメ化が成功した理由を、今度は映画の脚本術を念頭に考えてみたい。

ハリウッド映画では、序破急《じょはきゅう》がはっきりした作品が多い。これは脚本家の多くが「映画学校」（Film School）で学び、そこで学んだことを脚本に取り入れているからに他ならない。現在の脚本学を確立した人物が、「グル」（Guru of Screenwriting、脚本書きの伝導師）と呼ばれているシド・フィールドとロバート・マッキーである。以下、彼らの著書を参考にハリウッド映画の脚本術を紹介しよう。

まず序破急の「三幕《さんまく》構成」（Three-act Structure）が基本である。これは古代ギリシア以来の西洋演劇を参考にしたもので、第一幕の「設定」（Set-up）でオーディエンスを映画の世界に引き込み、第二幕の「対立」（Confrontation）で物語が展開し、第三幕の「解決」（Resolution）で物事が片付くという構成のことだ。この三幕構成を基盤に、次のような要素が付加されている。

①設定

A．イントロダクション：導入。映像で主人公、ジャンル、背景などを提示。ナレーションを入れる場合もある。

B．引き金となる出来事（Inciting Incident）：主人公の置かれた状況が変化し、これを機にリアクションを起こす。

C．第一の転換点（First Turning Point）：主人公の状況が良い方向か悪い方向に転換する。

②対立

A．中間点（Mid Point）：物語がどんどん進行するため、主人公は引き返せなくなる。

B．第二の転換点（Second Turning Point）：必ず不幸な出来事が起こる。

③解決

A．クライマックス：第二の転換点をへて、物語がエンディングに向けて大きく盛り上がり、問題の解決が図られる。

B．エンディング：ほとんどがハッピーエンド。恋愛映画の場合、男女が愛を確認したりする。

この三幕構成はハリウッド映画の基本的なフォーマットといってよく、私たちはいつの間にか作品の世界に引き込まれ、主人公のアクションに一喜一憂し、最後はほっと胸をなで下ろすわけである。

ところでハリウッド映画に限らず、映画はおおむね二時間なので、三幕はそれぞれ三〇分、一時間、三〇分という具合に分割できる。他方、日本のテレビアニメの場合、一クールだったら大体一二話か一三話でストーリーが展開されるので、三幕構成の場合、それぞれおおよそ三話、六話、三話の配分となるだろう。

じつは『ラブライブ！』第一期の全一三話は、このハリウッドの脚本術である三幕構成と（偶然か否かは不明であるが）一致し、結果として、序破急の鮮明なすぐれたストーリー展開となった。そこで、第一幕の「設定」、第二幕の「対立」、第三幕の「解決」という図式で、全一三話を整理し直してみたい。

図4-2　第一期の三幕構成

設定	対立	解決
A.二年生の高坂《こうさか》穂《ほ》乃果《のか》が学校救済の決意	A.一年生三人の入部、三年生の矢澤《やざわ》にこを引き込む	A.「ラブライブ!」への出場辞退とともに、二年生の南《みなみ》ことりの留学問題が発生
B.同級生と三人で活動開始	B.九人のメンバーが勢揃いするが、穂乃果が風邪を引き……	B.講堂でのライブ、感動のエンディング
C.初ライブを行うが……		

まず第一幕の「設定」は、第一話から第三話までが該当する。

すなわち第一話で、穂乃果が音ノ木坂学院の廃校方針を知りスクールアイドルとして救済を決意するのがイントロダクション、同級生の園《その》田《だ》海未《うみ》と南《みなみ》ことりとともに活動をはじめるのが引き金となる出来事、そして第三話で、初ライブを行うが……というのが第一の転換点にあたるだろう。

次の第二幕の「対立」は、第四話から第一一話までが当てはまる。

つまり第四話で、小泉花陽《こいずみはなよ》、星空凛《ほしぞらりん》、西木《にしき》野《の》真姫《まき》の一年生三人が入部し、第五話で三年生の矢澤《やざわ》にこを引き込んだのが中間点、その後第八話で、絢瀬絵里と東條希の二人の三年生が加わり九人のメンバーが勢揃いし、学園祭の屋上ライブのためにトレーニングを積むものの、第一一話で、穂乃果が風邪を引き……が第二の転換点に重なるだろう。

そして第三幕の「解決」は、第一二話と最終第一三話が適合するが、ここで「フォーマット崩し」（構成をひねること）が導入される。

つまり穂乃果が風邪を引く第二の転換点で「一ひねり」を加え「ラブライブ！」への出場辞退とともに、ことりの留学問題が持ち上がるのだ。それゆえ最終一三話の講堂でのライブというエンディングが大きく盛り上がってゆく（図4-2参考）。

以上のごとくハリウッド映画の脚本術のような三幕構成と、解決の部分での「フォーマット崩し」の導入もあって『ラブライブ！』第一期のアニメ化は成功する。私は本作を毎週視聴しつつ、脚本の構成具合に注目していたのだが、シリーズ構成者・脚本家の花田による綿密な脚本の構成力に舌を巻いた。

要するに花田の脚本あっての第一期だと思う。

しかしながら私たち視聴者は、同時に思い入れのあるキャラクターの一挙一動、あるいはμ'sのメンバーによる女同士の「関係性」（絆）に感動を覚えたり、アニメ化以前にリリースされた楽曲や、新たに制作された楽曲がどのシーンで挿入されるかに注目して観ていたはずだ。そこで次項からはキャラクターの役割分担、「共感」という現象、声優ライブを分析していこうと思う。

キャラクターの役割分担

キャラクターの魅力については、視聴している者にとってはいわずもがなである。

たとえば二年生の三人。

μ'sのリーダーである穂乃果は、老舗《しにせ》和菓子屋の娘で、主人公らしく元気で明るい女の子。海未は、穂乃果の幼なじみで、日本舞踊《ぶよう》の家元《いえもと》の娘にして真面目なしっかり者。ことりも、幼なじみで、理事長の娘にして勉強のできる優等生。ネタバレご免であることと、視聴者によって推しメンが異なるであろうことから個々の魅力についてはこの程度しか言及しないが、キャラ設定が抜群であり、私たち視聴者は各々の推しメンあるいは彼女たちの関係性や振る舞いに「共感」を覚えたに違いない。

ただし九人のメンバーのμ's内でのポジションだけは整理しておこう。なぜならこれがスクールアイドルを支える柱となっているからだ。

まず二年生の三人は、穂乃果がスケジュールの作成、海未が歌詞とトレーニングメニュー作り、ことりがコスチュームの制作とメイクを担当している。次に一年生の花陽と三年生のにこが振り付けとネットでの宣伝、一年生の凛がトレーニングリーダー、同じく一年生の真姫が作曲を担当している。以上の七人がスクールアイドルの実際の運営（実務）を担っていると考えればいい。

他方、三年生の絵里と希はメンバーでありながら、生徒会の会長・副会長でもあるので、μ'sを陰《かげ》に日向《ひなた》に支えている。こうして二人がバックアップした結果、μ'sは学園内での居場所を確保する。

以上の役割分担は、実際の学校でスクールアイドル（後述）を運営する際に参考になるだろう。

こうして第一期のテレビ放映は成功したが、放映後、ラブライバー（『ラブライブ！』ファンたちの呼称）は、たとえばスマホのアプリゲームをプレイしたり、オリジナルノベルの『ラブライブ！ School idol diary』シリーズを読み、彼女たちのアナザーストーリーを知り、より一層その魅力にハマっていったと想像する（個人的にこの裏逸話が興味深かった）。

そして満を持して一四年に同じスタッフにより第二期の『ラブライブ！』がテレビ

放映された。

紙幅の都合で詳細には言及しないが、三人の三年生が卒業を控えるなか、穂乃果ら二年生は生徒会の役員を兼務しつつ、地区予選と本戦からなる第二回「ラブライブ!」への出場を目指すという展開である。とりわけラブライバーにとっての神回とされるのが、ライブ当日が大雪となり、その朝の場面から描かれた第九話で、最後に名曲「Snow halation」が流れ、感情が高ぶった方も多いだろう。

ところで第一期と比較すると第二期は、新曲作成のための合宿（第二話）、にこの逸話（第四話）、ファッションショーでのライブ（第五話）、ハロウィンイベント（第六話）、ダイエット作戦（第七話）など、どちらかといえばキャラクターおよびその「関係性」（絆）に重点を置いた人間ドラマが展開した印象がある。

整理すると、第一期は、学院が統廃合される危機の中で、三幕構成を基本として脚本が練られていった。それに対して、第二期は、危機を乗り越え、第二回「ラブライブ!」の優勝を狙うという展開なので、個々の逸話を通じてより魅力的な展開にしていこうという意図があったのだろう。また劇場版に繋がるようなミュージカル風の回もあったし、あえて楽曲の力でシーンを彩《いろど》り、彼女たちの活躍を表現する回が多かったと思う。

そして最終第一三話で、三年生の三人を卒業式で送り出し校門へ向かったところ、あるニュースが舞い込み、物語は劇場版へと展開していく。

「共感」と声優ライブ

ところで『ラブライブ!』に限らず、私たちはアニメのあるシーンをみて胸がキュンとなったり、感動に打ち震える場合がある。その思いをたとえばツイッターで「感動した」とツイートした場合、それに反応した人々(たとえばラブライバー)によって一つの「クラスター」(Cluster、集団・群れ)が形成され、オタクの共同体はできあがる。

ではなぜそうした特定のシーンで私たちは同時多発的に感動するのだろうか。それはそもそもアニメを視聴した際、視覚情報を処理する脳の特定の部位が反応し、「共感」(Empathy)いう現象が起こったからであろう。

そういう意味で、九六年、イタリアの脳科学者ジャコモ・リゾラッティらが発見した脳の神経細胞「ミラーニューロン」(Mirror Neuron)は注目に値する。

　このニューロンは、私たちがある行動（アニメの視聴など）をしているとき活性化するが、他者が同じ行動をした場合も活性化する。つまり鏡に映った自分の動きをあたかもみているかのように反応するわけである。

　たとえば『ラブライブ！』の第二期の最終第一三話を観て、誰もが胸が熱くなったり、涙を流したのは、私たちのミラーニューロンが一斉に発火したからであり、穂乃果たちのμ'sへの一途な思いや、それゆえの選択を視聴者が理解したからこそ「共感」が生じたわけだ。この脳科学の知見から、アニメの「共感」の現象は分析できるだろう。

　さてまたキャラクターを演じた声優により「μ's from ラブライブ！」として音楽活動が行われた。こちらは一〇年代に注目されている二・五次元文化という切り口がある（おわりにも参考）。

　つまり三次元の声優が二次元のキャラクターにシンクロ（同期）したからこそ、『ラブライブ！』のライブは成功したのだろう。これは〇三年の『テニスの王子様』以降、一〇年代にはいって『弱虫ペダル』『黒子《くろこ》のバスケ』『刀剣乱舞《とうけんらんぶ》』などアニメやゲームを原作としたミュージカル（二・五次元ミュージカル）が上演され人気を博し

図4-3　声優ライブの構造

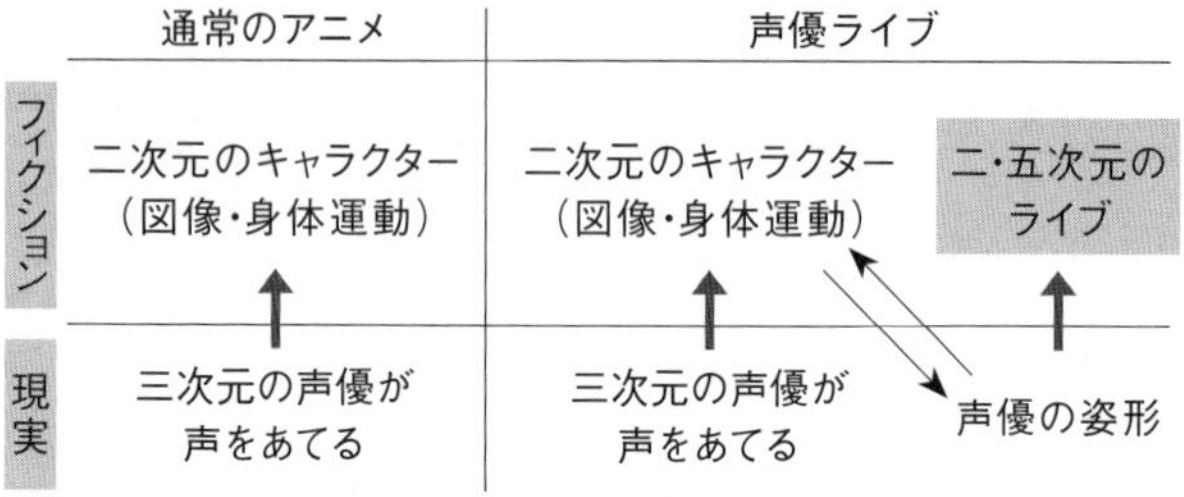

ていることとパラレルな一〇年代特有の現象である。

　通常のアニメは、声優がキャラクターの絵（図像）に対して声をあてる。それはアニメ版『ラブライブ！』とて変わらない。ところが声優によるライブの場合、身体（姿形）を有する声優が、アニメのキャラクターの身体運動をトレースして、その運動（例、ダンスのフォーメーションや仕草）にしたがってキャラクターを演じつつ、現実ともフィクションともつかぬ「二・五次元」のライブ活動を行う。そしてそれに「共感」した私たちは、キャラクター毎に色分けされたケミカルライトを振り、声優／キャラクターたちを応援する。

　要するに声優ライブは、現実とフィクションのはざまを楽しむ文化であると考えればいいだろう（**図4-3参考**）。

ポピュラー文化研究などが専門の須川亜紀子《すがわあきこ》がいうように、私たちの「現実」への認識は、（初音《はつね》ミクのライブのように）物理的身体感覚がなくても可能になっている。そう考えると、ラブライバーは新しい形の「現実」を追求する「勇者」的な存在かもしれない。

グループアイドルもの

さて『ラブライブ！』以外にも、グループアイドルの人気を反映したアニメが、一〇年代に数多く登場した。単純なネーミングだが、これを「グループアイドルもの」というジャンルで括《くく》っておく。

というのは、現実のグループアイドルのアーキテクチャ、たとえばキャラの設定、消費者の育成、マーケティング戦略だけでなく、ユーザーの人気投票によってミニユニットやセンターポジションが変わるという仕掛けは、『ラブライブ！』と同じように、AKB48の選抜総選挙などの影響がありそうだからだ。

本章は『ラブライブ！』がメインである。しかし他の主要な「グループアイドルもの」と比較することで、その独自なポジションを浮き彫りにすることができることもたしかであろう。そこで原作との関係、作品内アイドルの所属、声優が楽曲を歌うか否かの三点のみを、図4-4で整理し比較してみよう（比較の要素は多々あり、それだけで一冊の本が書けそうだが、とりあえず）。

図を参考にすると、まず第一に『ラブライブ！』は、もともと「読者参加企画」であることが他の作品と異なる。

たとえば『THE IDOLM@STER』（以下『アイマス』）は、もともと『アイカツ！』（二〇一二〜一六）や『プリティーリズム』（一一〜一四）と同じく、アーケードゲームで、アイドル候補生から何人かを選び、どのように多くのファンの支持を集めるアイドルにプロデュースすることができるかを競い合うというシミュレーションゲームだった。

『アイマス』がすぐれているのは、765《ナムコ》プロという芸能事務所に所属する個性豊かなアイドルが、レッスンを繰り返し、オーディションやテレビ出演などを通じていかにトップアイドルになるかという過程をうまく描いたところだが、ゲームをプレイしていなくても話にすっとはいっていけたことも魅力であった。

それに対して『ラブライブ！』は、先述のように一〇年にアスキー・メディアワー

図4-4　グループアイドルもの

	原作	アイドルの種類	声優と歌
『ラブライブ』	読者参加企画	スクールアイドル（部活動もの）	声優が担当
『THE IDOL M@STER』 ※後継が『アイドルマスター シンデレラガールズ』	アーケードゲーム	芸能事務所のアイドル候補生	声優が担当
『アイカツ！』	アーケードゲーム	アイドル養成校生	声優ではない
『プリティーリズム』 ※後継が『プリパラ』	アーケードゲーム	芸能事務所のアイドル	声優が担当
『AKB0048』	AKB48をモチーフ	研究生→メンバー	声優が担当

＊下記のローカルアイドルが登場する二作は本章一四八頁および第5章一五八頁参照。

	原作	アイドルの種類	声優と歌
『Wake Up, Girls!』	オリジナル	芸能事務所のローカルアイドル	声優が担当
『普通の女子高生が【ろこどる】やってみた。』	マンガ	市役所に依頼されたローカルアイドル	声優が担当

クスなど三社によりはじまったプロジェクトで、雑誌の「読者参加企画」を契機として、アニメ化以外に、担当声優によるライブ活動、ゲーム化やノベライズといったメディアミックス展開を行った。要するに「消費者生成メディア」としての側面が強い「グループアイドルもの」と位置付けることが可能だと思われる。

第二に『ラブライブ！』は、アイドルといっても「スクールアイドル」という設定が他の作品との決定的な違いである。

たとえば『ＡＫＢ００４８《ゼロゼロフォーティエイト》』（一二、一三）は、もともと現実のＡＫＢ48をプロトタイプ（原型）とし、研究生から選抜総選挙をへて、センターノヴァ（メンバー）に選出され、中には一四代目前田敦子という具合にレジェンドの名を襲名するという展開もあった。

この作品が興味深いのは、メインキャラクターを担当する声優を、実際の「48グループ」から審査により選んだことである。つまり現実のグループアイドルのメンバー（たとえば岩田華怜《いわたかれん》や渡辺麻友《わたなべまゆ》）が声優となり、アニメの中で活動するという秋元康らしい仕掛けを施した点である。

それに対して、『ラブライブ！』は、『電撃G's magazine』一〇年一一月号でキャラクターを担当する声優が発表された手続きはともかく、音ノ木坂学院という高校のスクールアイドルとして活動する。いいかえると、研究生でも芸能事務所に属するアイドル（候補生含む）でもなく、学校の「部活動」の一環である点が大きな相違点である。

そういう意味で、『けいおん!』（〇九〜一一）を代表とする空気系、『僕は友達が少ない』（一一、一三）や『やはり俺の青春ラブコメはまちがっている。』（一三、一五）を代表とする残念系（前著第三章、とくに九二〜九五頁参考）に共通してみられる「部活もの」の要素を含んでいると捉えることもできる。

最後の第三に『ラブライブ!』は、声優が作品内のキャラクターが歌う楽曲を担当し、それをCDとしてパッケージ化したり、PVを作成したり、それに基づいてライブ活動を行った。

他のグループアイドルものもおおむねその線にしたがっている。

唯一異なる作品が『アイカツ!』である。『アイカツ!』の登場人物、たとえば星《ほし》宮《みや》いちごの場合、声は諸星《もろほし》すみれが、歌は現実のアイドルユニットSTAR☆ANISのわかが担当した。要するに明確な分業がなされたわけであるが、これは『マクロス FRONTIER』(〇八、〇九、一一) などと同じやり方である。

なお声優が楽曲を担当する他の作品の場合、有名な声優よりもどちらかというと新人を起用する事例が多い。

たとえば『ラブライブ!』では、海未役の三森《みもり》すずこと絵里役の南條愛乃《なんじょうよしの》は別格として、どちらかというと新人が登用されたと思う(もちろん声優ファンやラブライバーであれば他の声優も知っていると思うが)。これは声優サイドのスケジュール等の問題があるのかもしれないが、新人が人気をえる方途、すなわち「アイドル声優の道」として「グループアイドルもの」は機能していると考えうる。

リアルなスクールアイドル

さてまた現在、大学の多くでは女性によるスクールアイドルの非公認サークルが存在する。

これは①リアルなグループアイドルと、②一〇年代以降に登場したグループアイドルもののアニメ、この両方の影響で結成していると思われる。とりわけ『ラブライブ!』のスクールアイドル「μ's」は、大学のスクールアイドルの原型ともいえる。

この女子大生のスクールアイドル限定で歌とダンスを競う「ラブライブ！」のような大会が一二年からはじまった。

それがＵＮＩＤＯＬ（ユニドル）である。

運営は社会人ではなく大学生のみからなるＵＮＩＤＯＬ実行委員会が手がけており、当初は東京近郊の七大学のみの参加だったが、関西予選なども開かれ本選に進む形で規模が拡大しつつある（年二回、二月と八月に本選である敗者復活戦・決勝戦を実施、今後は台北・上海・ジャカルタ・パリの四都市での海外大会開催を予定しているという）。手作りのコスチューム、既存の楽曲にオリジナルのダンス、会場の観客はケミカルライトを振るだけでなく、ヲタ芸を披露する人もいる。すでに握手会や物販をするサークルもあり、今後はアイドル研究部などがある高校や中学へ拡大していくだろうと、一二年当時思っていた。

事実、一五年からＵＮＩＤＯＬの姉妹編として、高校のスクールアイドル日本一を目指すプロジェクトHighdol（ハイドル）がはじまった。

参加条件はメンバーが現役の女子高生であることのみで、ＵＮＩＤＯＬと同じく人数の制限もなく（第一回優勝者のかほはソロ）、参加費も無料である。したがって規模はまだ小さいが、これこそ、女子高生限定なので真の「ラブライブ!」のような大会だ。

リアルな世界で、スクールアイドル・ライフを満喫する。そんな一〇年代に生きる女の子ならではの楽しい青春がそこにはある。

※付言:『ラブライブ!』から影響を受けた現実のスクールアイドルとして有名なのが、UNIDOLに出場した首都大学東京のダスライブ!とHighdolに出場した私立鎌倉女子大学高等学部のShiny☆Starである。後者はメンバーの卒業により解散したが、どちらもユーチューブに動画がアップロードされているので、興味のある方は是非とも彼女たちの勇姿をチェックしてほしい。

大阪のローカルアイドル

他方、日本各地に(ゆるキャラと同じように)ローカルアイドル(通称ロコドル、別名はご当地アイドル)が存在する。アニメでもローカルアイドルものに『Wake Up, Girls!』(一四、一五、一七)や『普通の女子校生が【ろこどる】やってみた。』(一四)がある(**図4-4参考**)が、現実でも前者のような芸能事務所に属するグループがいれば、後者のように町おこしの一環で結成したり、中には自称したりするグループなどもおり、多種多様である。

ここではこれまで学者や評論家によってあまり紹介されてこなかった大阪発のそれをとりあげよう。

まず「48グループ」のNMB48や、ももいろクローバーZが所属するスターダストプロモーションのたこやきレインボーは、全国区でもあるので別格であろう。

他のローカルアイドルの名前をあげると、PassCodeをはじめ、学校のようなシステムのリリシック学園、アクロバットなダンスを披露するJeanne Maria（ジャンヌマリア、現NEO BREAK）、常設であるイベント会場スタジオアクトで公演をするJK21、同じくアイドルテラスで公演をする天空音《てんくうおん》パレード、MAINAを中心とした本格派の大阪☆春夏秋冬、通天閣《つうてんかく》発のまいどリームス、ダンスを主体としたDancing Dollsなどが、原稿を書いている時点で活躍中である。

このうち世界的にも注目されつつあるのが、PassCodeというラウドロック系のグループアイドルである。

ラウドロック系というのは、メンバーの一人・今田夢菜《いまだゆな》の「スクリーモ」(Screamo)からの印象である。「スクリーモ」は、ハードコアやエモから派生し、エモーショナルなサウンドに「絶叫」（Scream）が絡んでくるものだが、PassCodeの場合、EDMなどのダンス・ミュージックとの融合を行っているのでポップな要素を兼ね備えている。激しくアジテートするライブに定評があり、「ハッカー」と呼ばれるファンも熱く、今やポストBABYMETALの呼び声が高いグループアイドルである。

とはいえ、大阪のローカルアイドルが置かれた状況をみると、かつて人気があったchouette＊（シュエット）、TAKE OFF、ポンバシwktk《ワクテカ》メイツの三組は活動停止中。またOSAKA BB WAVEは一六年に、堀江発のEspecia（エスペシア）と、キャラメル☆リボンは一七年に解散するなど、厳しい局面を迎えている。

経済学者の田中秀臣の推計によると、一六年度の国内のアイドル市場規模は約二五〇〇億円（矢野経済研究所が行った同年度の試算では一八七〇億円）だという。この数字を東京だけでなく地方の数多《あまた》あるグループアイドルも食い合っているわけだから、大阪のそれがかなり厳しい現状であることがよく分かる。

観光都市・大阪だけに、インバウンドビジネス、すなわち外国人観光客の誘致などのてこ入れが必要かもしれない。

※付言：インバウンドビジネスに関して、他ジャンルの事例をあげてみたい。一般的に宝塚《たからづか》歌劇団ほどは有名ではないが、大阪の難波を拠点とした女性のみのOSK日本歌劇団は、道頓堀《どうとんぼり》角座《かどざ》にて英語を使って「REVUE JAPAN」という日本舞踏ショーを開催している。芸者・花魁《おいらん》・サムライといった外国人が好みそうなコンテンツなのでかなり好評で、このショーへの外国人観光客の動員に成功している。ローカルアイドルの運営にも参考になりそうである。

劇場版から『ラブライブ！サンシャイン!!』へ

さて最後はアニメに戻って、劇場版『ラブライブ！The School Idol Movie』と続編『ラブライブ！サンシャイン!!』をとりあげる。

まず劇場版は第二期終了から一年後の二〇一五年に公開され、週末興行ランキングにて動員数三週連続一位、最終的に観客動員数二〇〇万人を超え、興行収入は二八・六億円を記録した。スタッフはテレビ版と同じく、原案は公野、監督は京極、脚本は花田であり、かの第二期のラストから劇場版ではどのようなドラマが展開されるか期待を抱いてファンは劇場へ足を運んだに違いない。

ではプロットを簡潔に紹介する。

すなわち、スクールアイドルを紹介したいという海外からの要望に応えて、μ'sのメンバー九人がニューヨークへ旅立つ。さまざまなトラブルはあったもののライブは大成功し、世界中に中継される。日本に帰国すると空前のμ'sブームが起こっており、ファンに囲まれることもしばしば。しかしμ'sは次のライブをもって……という展開である。

足かけ六年の集大成として申し分のない作品に仕上がり、彼女たちの下した「決断」に共感した方も多いと思う。

テレビ版と劇場版との違いは、劇場版の場合予算が多めなので映像美を追求できる点もあるが、それ以上にテレビアニメでは不可能だった大胆な設定をすることができる点が大きい。たとえば『ヱヴァンゲリヲン新劇場版：Q』（一二）で、一四年後にヴィレが組織されネルフに敵対する設定や、『魔法少女まどか☆マギカ［新編］叛逆《はんぎゃく》の物語』（一三）で、ソウルジェムの中に町自体が取り込まれたため、魔法少女がキュゥべえと協力しながら戦う設定が、それに相当するだろう（後者については前著五七〜五九頁を参考に）。

本作の場合、穂乃果が出会った謎の多い女性シンガーとの逸話がそれにあたる。

この逸話の挿入を提案した花田へのインタビューによると、これは「穂乃果が己《おのれ》の分身というか、未来の一つの形で出会うというアイデア」であるという。たしかに髪の毛や瞳の色が共通するし、傘も同じデザインの色違いであることからすぐに気づいた方も多いだろう。

ストリートミュージシャンが穂乃果の未来形だとすると、そうなりたい自分を探す「自分探し」（Self-discovery）のような旅を行っているという解釈も成立する。「自分探し」とは評論家の速水健朗《はやみずけんろう》の定義によると、本当の自分を知ろうとしたり、あるべき自分の姿を求めたりする行為のことである。

速水の議論にしたがえば、たとえば六〇年代のドロップアウトした若者の「自分探し」と今日のそれとの違いは、フリーター化という現象とリンクしている点である。したがって穂乃果は、実家の和菓子屋を出て一人暮らしをはじめ、アルバイト生活をしながら路上で歌を歌うという未来もありうるということになるが、これはやや意外な「可能世界」（現実世界は「無数の可能世界の一つ」という哲学や論理学の考え、前著四八～五一頁参考）の話だなとの感想を抱いた。

同時に、速水が「自分探し」とセカイ系の話を結び付けたことを思い起こしたが、一〇年代の文脈でいえば、グループアイドルを卒業し自分と向き合った際に必ず起こる「アイデンティティ・クライシス」（自己同一性の危機）のようなものをこの逸話で表現したかったのかもしれない。ともあれそうしたいろいろな方向に解釈が開かれた劇場版はとても興味深いと思う。

こうして『ラブライブ！』は翌一六年、東京ドームで二日間開催されたμ'sファイナルライブをもって終焉を告げ、新たなプロジェクトが始動する。

それが同年、テレビアニメ第一期がはじまった『ラブライブ！サンシャイン!!』である（一七年に第二期が放映）。

こちらは原案とシリーズ構成は同じスタッフではあるが、監督は京極から酒井和男《さかいかずお》に代わった。

物語の舞台は、東京ではなく静岡県の東部、伊豆《いず》半島の根っこに位置する沼津《ぬまづ》市の内浦《うちうら》である。ここには全校生徒が一〇〇人未満の私立浦《うら》の星《ほし》女学院があり、『ラブライブ！』の音ノ木坂学院と同じく、統廃合の窮地に立たされている。そうした中、μ'sのファンである二年生の高海千歌《たかみちか》が、スクールアイドルによりその危機に対処しようと仲間集めに奔走。やがて九人のメンバーがAqours（アクア）に集結し「ラブライブ！」地方予選を……という話である。

東京から地方へ舞台が移されているので、ローカルアイドル的なスクールアイドルという位置付けではあるものの、前作『ラブライブ！』の舞台も、東京といっても新宿や渋谷など西東京側ではなく、東に位置する秋葉原と神田と神保町の狭間にある街であった。とりわけ穂乃果が暮らしていた界隈は、太平洋戦争の空襲で焼かれずに残った街なので、昔ながらの古い建物が残存しており、東京の中のローカル（東東京《ひがし》）を舞台とした作品だったとも解釈できる。

それはともかく『ラブライブ！サンシャイン!!』第一期では、『ラブライブ！』第一期のような仲間集めのプロセスをへて、第一二話でAqoursのメンバーが上京しμ'sが活動していた場所を訪れるが、これは物語内物語の聖地巡礼にあたる。結果として、私たち視聴者の記憶も重ね書きされ、μ'sを通じてAqoursをみつめる視点が導入されたので、彼女たちを一層応援したくなったのではないだろうか。

みんなで叶える物語。

スクールアイドルは、リアルであろうとなかろうと、女の子の居場所を作る「関係性」（絆）装置であり、そこにはさまざまな人間ドラマが展開されている。『ラブライブ！　サンシャイン!!』第二期で、Aqoursが学校○○（伏せ字）という展開により少し挫折を味わったことも、リアルで起こりかねない出来事だろう。

第5章　『デュラララ!!』群像劇とアウトロー

町おこしと「地域密着アニメ」

前章の最後でとりあげた『ラブライブ！　サンシャイン!!』のように、実際の地方都市を舞台としたアニメのことを「地域密着アニメ」（または「ご当地アニメ」）という。一〇年代はアニメに限らず、「ご当地もの」が増加している印象がある。

行政学などが専門の田村秀《たむらしげる》によると、「ご当地もの」に拘《こだわ》るのは世界に類例はなく、日本人特有であるという。田村が主にとりあげたのは、B-1グランプリという日本最大級のB級グルメのイベントである。これは料理を通じて地域をPRする町おこしが目的だが、この町おこしの意味でいえば、ローカルアイドルや、「ひこにゃん」、「くまモン」に代表されるゆるキャラもそうした機能を期待されているだろう。

アニメの場合、たとえば一四年にテレビアニメ化された『普通の女子校生が【ろこどる】やってみた。』では、地方都市の流川市《ながれかわし》（架空の地名、以下二作も同）に住む女子高生二人が、市役所の依頼で市をＰＲするため「流川ガールズ」というローカルアイドルを結成したが、イベントの際にはゆるキャラ「魚心《うおごころ》くん」と行動をともにした。

また一七年の『サクラクエスト』では、田舎町の間野山《まのやま》にて、就職活動中の女子大生が観光協会の斡旋《あっせん》により国王を務めて町おこしに励むし、『アクションヒロイン チアフルーツ』でも、万葉県《まんようけん》にあるとされる陽菜野市《ひなのし》にて、高校生がご当地ヒーローならぬご当地ヒロインとして市をＰＲする。今や町おこしを題材としたアニメは一つのジャンルを形成しているといっても過言ではないだろう。

他方、架空の地方は別にして実際の町を舞台とした「地域密着アニメ」は数多くある。埼玉県久喜市《くきし》を舞台とした『らき☆すた』（〇七）を皮切りに、埼玉県秩父市《ちちぶし》を舞台とした『あの日見た花の名前を僕達はまだ知らない。』（一一）、広島県竹原市《たけはらし》を舞台とした『たまゆら』（一一、一三）など。思い起こすだけで紙面が埋まりそうなほどである。

「地域密着アニメ」が増えたのは、制作者側にとって、①取材で撮った写真のデータが使え、アニメ制作の手間が省ける、②地元自治体などとタイアップすることで協力をえやすい等のメリットがあるからだろう。他方、私たち視聴者側は「聖地巡礼」という形でアニメの舞台を追体験できるという副産物を生んだ。

前章で言及した『ラブライブ！サンシャイン!!』の場合、主人公・高海千歌《たかみちか》の実家が経営する旅館は、太宰治《だざいおさむ》が『斜陽』を執筆したとされる安田屋《やすだや》旅館、二枚目のシングル「恋になりたいAQUARIUM」のPVの舞台は、伊豆《いず》・三津《みと》シーパラダイス（ゆるキャラの「うちっちー」も登場）がモデルであり、これらは聖地巡礼の巡礼先となっている。こうしてゼロ年代後半から爆発的に増加した聖地への巡礼は、一〇年代にはいりオタクの新しいアニメの楽しみ方として定着したわけである。

聖地巡礼の基礎

聖地巡礼とはもともと宗教によって管理された場所、たとえば伊勢神宮《いせじんぐう》への参拝や、四国八十八ヶ所を巡ることなどであるが、アニメの聖地巡礼の場合、宗教とは相違した価値基準、たとえば萌《も》えによって私たちは舞台を追体験する（疑似宗教という見方

図5-1　聖地巡礼とバイラル・ループ

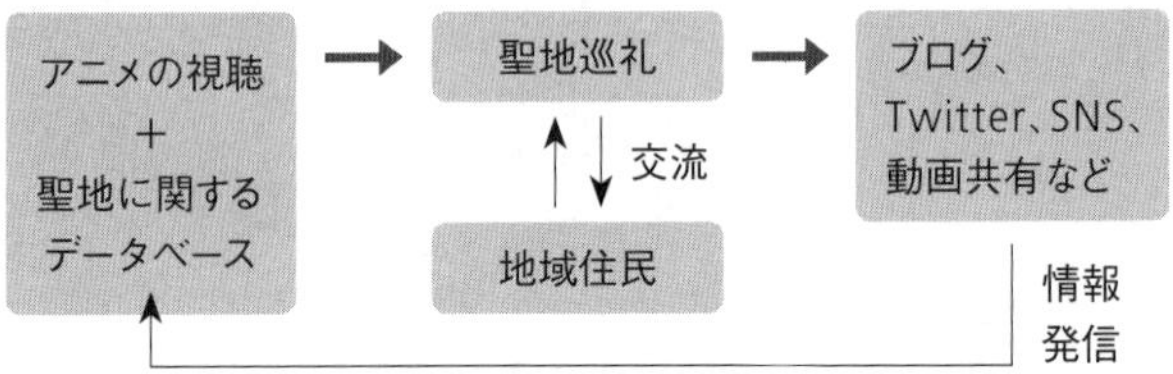

※バズ→バイラル・ループ

も可能)。

宗教学者の岡本亮輔《おかもとりょうすけ》が、イスラエルの人類学者エリック・コーエンがいう「冷たい真正化《しんせいか》」と「熱い真正化」の概念を援用して、アニメの聖地を後者に位置づけるように、巡礼はオタクの熱い情熱に支えられている。とはいえ地方自治体が町おこしのため、アニメを利用しようという露骨な意図も見え隠れするので、ファンから反発をくらった事例も過去にはある。

この聖地巡礼は、今のところ観光社会学からの分析が多く、これを「コンテンツツーリズム」(Contents Tourism)という。この分野の第一人者である岡本《おかもと》健《たけし》の研究を参考に、それを簡略化した上で、著者がネットの情報発信に留意して整理したのが図5-1である。

まず私たちはアニメのある作品を視聴しファンとな

り、その舞台を追体験しようと考える。その際参考となるのが、ネット上に蓄えられたその聖地に関するデータベースである。そこで仕入れた情報に基づいて実際の聖地巡礼を行うが、そのとき重要なのがマナーであり、地域住民や実在の学校などに迷惑を掛けないように交流を図るべきだろう。

とはいえ有名な聖地のケースでは、ファンの受け入れは万全で、たとえば男子高校生を主人公とした人気の水泳アニメ『Free!』（一三、一四）の聖地である鳥取県の岩《いわ》美町《みちょう》・田後《たじり》地区の場合、岩美駅の隣にある観光協会には「Free! コーナー」があり、グッズを販売しているし、劇場版『映画ハイ☆スピード！』（一五）の公開の際にはスタンプラリーを実施した。また観光協会の音頭《おんど》により、同作品に登場する「イカ祭り」が一三年から開催されるなど、地域住民も楽しめるイベントが開かれている。

そして私たちは聖地巡礼中もしくはその後、聖地での体験をブログに記載したり、ツイッターをはじめSNSや動画共有サイトなどに、写真や動画付きで情報を発信する。その情報はネットという横の繋がりの中で「バズ」（Buzz、うわさという記号を媒介として情報などを伝え合う相互作用、口コミのこと）として拡散し、すぐれた情報の場合「バイラル・ループ」（Viral Loop）、つまり情報がウィルスのように伝播していく。そしてそれらの新しい情報により、聖地に関するデータベースが更新され、他のアニメファンが聖地巡礼に赴く際に役立っていく。以上のような聖地巡礼は自然発生的にはじまり、ネット上では一つの「エコシステム」(Ecosystem、共生していく仕組み)ができあがっているとみていいだろう。

聖地巡礼の深い議論

ところで聖地巡礼に関して、観光社会学のアプローチ以外で論じている評論家も多数いる。議論を単純化しないために四人の見解を紹介しよう。

まず宇野常寛《うのつねひろ》によると、「今日のインターネットは一つの現実ではなく、現実の拡張。この拡張現実(AR、Augmented Reality)により、キャラクターが現実の風景にはいり込むことで、何でもない駅前や神社や住宅地が『聖地』と化していく」という。

また福嶋亮大《ふくしまりょうた》は、「架空の起源を創設し、そのことによって現在時の『正史《せいし》』にちょっとした起伏をもたらそうとする作業。偽史的想像力の所産」と指摘する。

そして村上裕一《むらかみゆういち》は、「聖地とはメタデータの付加された土地。したがって聖地巡礼とは、消費者が作品という虚構の中に入っていこうとする営み。またハルヒダンスなどは身体の聖地化（筆者注：『涼宮《すずみや》ハルヒの憂鬱』のエンディング「ハレ晴《は》レユカイ」を踊ること）」だという見解を示す。村上のいう「メタデータ」（Meta Data）とは、データについてのデータ、データを要約するデータのことである。

他方黒瀬陽平《くろせようへい》は、「デジタルカメラで撮影した風景写真をパソコンに取り込み背景画が描かれる。この『定型』性を宿す『風景』の出現、一種のぎこちなさは『情念定型』の問題であり、聖地巡礼はその文脈」と述べている。これは先述した「地域密着アニメ」に関する制作者側のメリットと聖地巡礼との関係を「情念定型」（Pathosformel）の問題とリンクさせたものである。ちなみにこの「情念定型」とは、ドイツの美術史家アビ・ヴァールブルクの造語で、激しい情念によりいびつになる身体のことである。オタ芸もこの文脈で語りうると思うので、この見解は興味深い。

以上、『らき☆すた』（〇七）を皮切りに一〇年代につづく聖地巡礼ブームは、若手評論家に刺激を与え、論壇をも賑《にぎ》わせたことが分かるだろう。現在一〇〇〇ヶ所以上あるとされる聖地（前著と本書に関連がある場所など）の例を**図5-2**にあげておく。

なお石川県の温泉街を舞台とした『花咲くいろは』（一一）に登場する架空の「ぼ

んぼり祭り」が、湯涌稲荷神社《ゆわくいなり》という実際の神社にて一一年からはじまり、来場者数は今のところ増加の一途だという。これはフランスのポスト構造主義者ジャン・ボードリヤールが提唱した「シミュラークル」（Simulacre、オリジナルなきコピー）のようではあるが、もともとシミュラークルの概念は、文化人類学由来で「ある土地の伝統文化が滅亡した後、後世の人間がそれを復活させた『まがいもの文化』」を指す。「ぼんぼり祭り」は元来存在しなかった伝統が人工的に創出されたものなので、イギリスの歴史家エリック・ホブズボウムらがいう「創られた伝統」（Invention of Tradition）という概念で捉えたほうが的確だろう。しかしそもそも伝統だといわれる多くのもの、たとえば初詣《はつもうで》をはじめ、明治神宮、演歌、柔道、武士道などは、近代以降に創られたものなので、驚くことでもないが。

群像劇としての『デュラララ!!』

さて本章のメインである『デュラララ!!』をとりあげよう。原作は成田良悟《なりたりょうご》、監督は大森貴弘《おおもりたかひろ》で、第一期は一〇年にテレビ放映された（原作の第一巻〜第三巻に相当）。この二人は前作『バッカーノ！』（〇七）でコンビを組み、多くのファンを魅了

図5-2　アニメ聖地の例

大阪府　『Free!』（東大阪市、近畿《きんき》大学西門）
京都府　『響け！ ユーフォニアム』（宇治《うじ》市）
兵庫県　『涼宮ハルヒの憂鬱』（西宮《にしのみや》市）
滋賀県　『けいおん』（豊郷町《とよさとちょう》）
広島県　『たまゆら』（竹原《たけはら》市）
鳥取県　『Free!』（岩美町《いわみちょう》）
岐阜県　『氷菓』（高山《たかやま》市）
静岡県　『ラブライブ！ サンシャイン!!』（沼津《ぬまづ》市）
東京都　『ラブライブ！』（秋葉原《あきはばら》周辺）、
『デュラララ!!』（池袋《いけぶくろ》）
埼玉県　『らき☆すた』（さいたま市）、『あの花』（秩父《ちちぶ》市）
茨城県　『ガールズ＆パンツァー』（大洗町《おおあらいまち》）
長野県　『サマーウォーズ』（上田《うえだ》市）
石川県　『花咲くいろは』（金沢《かなざわ》市湯涌《ゆわく》温泉）
※1000カ所以上存在する

近畿大学西門

したので、本作のアニメ化も期待通りの出来であった。

それはキャラデザが、のちに『魔法少女まどか☆マギカ』（一一～一三）や『ハイキュー!!』（一四～一六）を担当した岸田隆宏《きしだたかひろ》だったことも影響しているだろう。岸田の描くキャラクターには俗っぽさがなく洗練されており、とても魅力的に造形されている。やはりアニメの人気は、動かすキャラクターのデザイン次第という面もあると思う。

まず第一期の二クール全二四話のストーリーを簡潔に紹介しよう。ただし序盤の首なしライダー・セルティの首をめぐる矢霧《やぎり》製薬一連事件は煩雑になりそうなので割愛し、主に罪歌《さいか》編と黄巾賊《こうきんぞく》編に繋がる物語に留意して整理してみる。

物語の舞台は豊島《としま》区の池袋である。

一見ごく普通の少年である竜ヶ峰帝人《りゅうがみねみかど》が、幼馴染みの紀田正臣《きだまさおみ》に誘われ、来良《らいら》学園に入学するために池袋にやってくる。その高校でクラスメイトになったのが園原杏里《そのはらあんり》であるが、じつはこの三人にはそれぞれ秘密があり、帝人は正体不明のカラーギャング「ダラーズ」の創始者の一人、正臣は同じくカラーギャング「黄巾賊」の元リーダー、杏里は妖刀《ようとう》「罪歌」を体内に宿している女の子である。第一期の物語は、ダラーズvs黄巾賊vs罪歌の三つ巴《どもえ》の抗争に、首なしライダーのセルティ・ストゥルルソン、新宿を拠点とする情報屋の折原臨也《おりはらいざや》、臨也を嫌悪する借金取りの平和島静雄《へいわじましずお》、露西亜《ろしあ》寿司《ずし》のサイモン・ブレジネフ、セルティを愛する闇医者の岸谷新羅《きしたにしんら》ら、少しばかり濃いキャラクターが絡み合い複雑に物語が展開する。登場人物が多いことで知られる成田作品なので、人物関係を**図5-3**で整理しておく。

まず舞台である池袋であるが、テレビ放映を観た際に驚いたのはことの外忠実に都市を再現していたことである。

たとえば池袋東口では、露西亜寿司があるとされるサンシャイン通り、シネマサンシャイン池袋や東急ハンズのあるサンシャイン60通り（旧名、60階通り）、アニメイトが所在するサンシャインシティ近辺など。池袋駅構内の「いけふくろう像」を挟んで西口では、池袋西口公園、東京芸術劇場、池袋警察署など。池袋の有名なロケ

©成田良悟／アスキー・メディアワークス／池袋ダラーズ・MBS

図5-3　主な登場人物の相関図

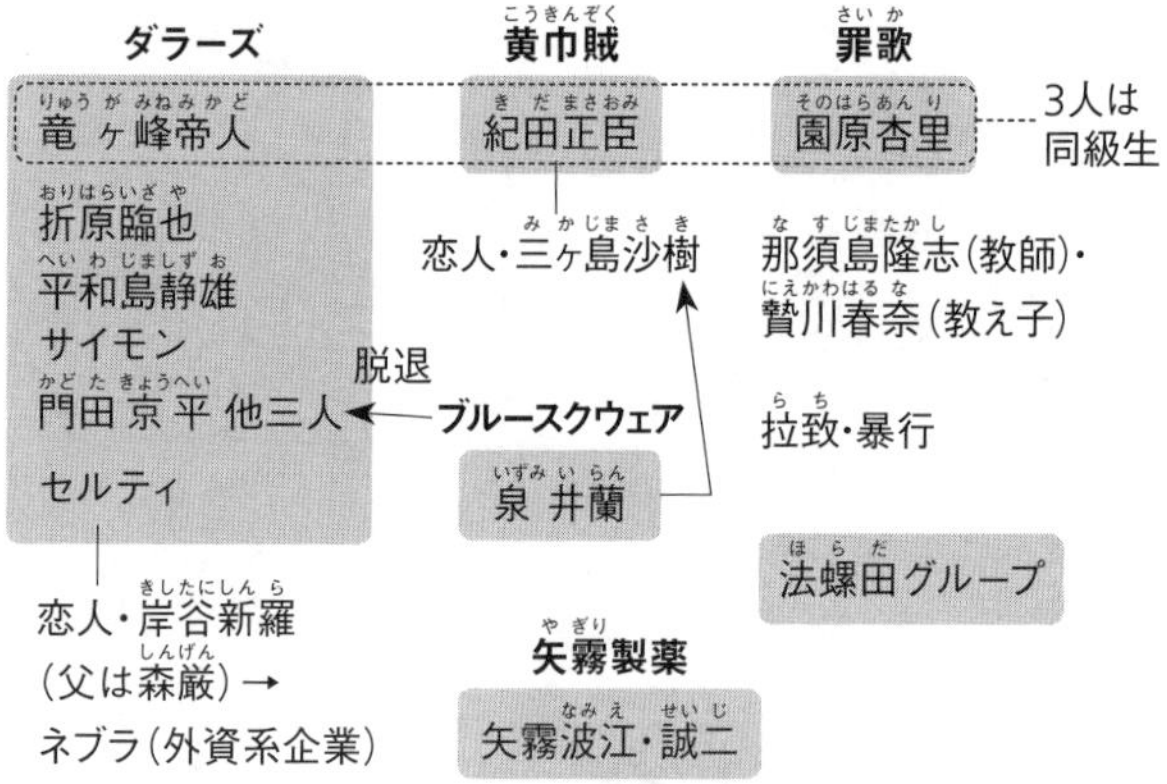

ーションはほぼ網羅《もうら》しており、事前のプリプロダクションにおけるロケハンを徹底して行い、取材で撮った写真のデータなどに基づき作画を行ったものと思われる。

その結果、池袋は一時期聖地巡礼のメッカとなり、旅行会社JTBが発行している「るるぶ」誌からムック本が出版されるなどした。私は当時よく池袋にでかけたので記憶しているが、現実の池袋のあちらこちらに『デュラララ!!』の看板やポスターを目にした。池袋が二・五次元の都市と化したかのようであった。

またこの池袋を舞台に多数の登場人物が織りなす人間ドラマ＝「群像劇」（Group Performance）または「アンサンブル・キャスト」（Ensemble Cast、群像劇と同義）が本作の特徴だと思う。たとえばゼロ年代前半のセカイ系の場合、基本的に主人公のモノローグで、キミやボクの視点で物語が進行するが、群像劇は複数の観点から描かれる。複数の観点というのは難しくいえば「一人称複数視点」、つまり登場人物の各々の視点から物語が語られるということである。

本作の主人公は首なしライダーのセルティだが、高校生、カラーギャング、闇医者、情報屋、借金取りなど複数の視点から描かれた結果、ロシアの記号学者ミハイル・バフチン風にいえば「ポリフォニー」（Polyphony、複数の声部からなる音楽）的な作品となった。つまりセカイ系のように、単一の話者の声で、複数の登場人物の運命が一つの物語に収斂《しゅうれん》するのではない。そうではなく、互いに独立してバラバラになりがちな多数の声を、各話ごとのナレーションでキャストを変えることにより、重層的な作品として全体をうまく一つの物語にまとめ上げたわけで、その手並みはお見事としかいえないものだった。

なおこのような群像劇のアニメは一〇年代にはいると、前章で扱ったグループアイドルものや、女性に人気のチーム男子もの（『Free!』『黒子《くろこ》のバスケ』など）にもみられる。群像劇はオタク女子、あるいは九〇年代生まれの第四世代のオタク男子にみられる「関係性消費」（視点キャラクターに自己同一化するだけでなく、複数のキャラクターを組み合わせながら作品を楽しむというアニメ消費のスタイルのこと、前著一一五頁参考）の文脈でも重要であろう。

では以下、デュラハン、ダラーズ、黄巾賊、罪歌について個別に論じよう。

都市伝説としての「デュラハン」

「デュラハン」（Dullahan）は、アイルランドやスコットランドに伝わる伝説の存在で、首のない姿の妖精である。具体的にいえば、鎧《よろい》を身につけた騎士の格好で、コシュタ・バワーと呼ばれる、首がない馬や黒い馬車に乗り、小脇に自分の首を抱えている。「死神」であると信じられ、死期の近い人間のもとを訪れ、その魂を刈り取るという。要するに不吉な使者の代表としてヨーロッパでは怖れの対象となり神話の中で語り継がれたわけである。

この伝説をモチーフとした映画は、ティム・バートン監督の『スリーピー・ホロウ』（九九）が名高いが、この「スリーピー・ホロウ」(Sleepy Hollow) は、アメリカのニューヨーク近郊で語り継がれている伝説である。すなわちアメリカの開拓時代に渡来したドイツ人騎士が斬首《ざんしゅ》されたが、「首なし騎士」(Headless Horseman) として復活し、光る眼を持つ馬に乗って……という話であり、ヨーロッパのデュラハン伝説がベースにあるという。

このような観点で『デュラララ!!』のセルティを捉えるなら、日本のポップカルチャーに、（もちろんゲームやファンタジー小説には登場しているが）初めて本格的な「デュラハン」がキャラクターとして登場したといえる（一七年にテレビ放映された『亜人《デミ》ちゃんは語りたい』も参考に）。しかもアメリカの「スリーピー・ホロウ」が男性であるのに対して、原点であるヨーロッパの伝説に依拠して女性であり、かつ鎧をまとった女性の天使であるヴァルキリーが地上を彷徨《さまよ》う姿がデュラハンという説も採用されている。

違いは、セルティが身につけるべき甲冑《かっちゅう》がライダースーツ、またコシュタ・バワーが馬や馬車だけでなくバイクにも変形することで、このバイクが池袋を疾走することにより「首なしライダー」という都市伝説が生まれるわけである。いいかえると『デュラララ!!』の場合、「都市伝説」(Urban Legend)と巧みに絡め、現代の池袋に「首なしライダー」セルティとしてデュラハンを蘇《よみがえ》らせた点が独特であると思う。

ところで「都市伝説」は、今日日常会話でも使われているが、もともとアメリカの民俗学者ジャン・ハロルド・ブルンヴァンが提示した概念である。

日本ではこれを怪談話という形で捉える方が多いが、じつは「都市伝承」(Urban Folklore)や「都市神話」(Urban Myth)という含意《がんい》がある。つまり都市を舞台とした伝承や神話という意味があるのだ。この含みでセルティを捉えるなら、単なる首なしライダーという都市伝説(怪談話)ではなく、神話や叙事詩《じょじし》など言葉で語り継がれる「口頭伝承」という側面がある。このことに気付いたのは(第二期『承《しょう》』ではあるが）セルティが白バイクの葛原金之助《くずはらきんのすけ》に追われた一部始終が劇中のテレビで中継され、特集が組まれた逸話である。つまり「都市伝説」が伝説たりえるのは、「口頭伝承」を通じて人から人へと伝わる中で、数多くの尾ひれが付く一方、さまざまなバリエーションも生まれるからであり、その結果、限りなく神話や叙事詩に接近するということである。

このような観点で述べると、本作にたびたび登場する裏バージョン的な「チャット」（Chat）も「口頭伝承」の一種と考えられる（未見の方のために補足すると、後述するダラーズ自体がネット上の「ダラーズ専用サイト」を仲介として組織され、サイトに登録することでメンバーとなれる、というように、本作はネットが物語の進行にも影響を与えており、このチャットもそうである）。英語のChatは、談話・雑談・お喋りという意味であり、まさにネット上のチャットルームにおけるそれは、愉快なお喋りで溢れる場合が多い。しかしながら本作のチャットルームは少々趣が違う。それは主催者が甘楽《かんら》、すなわち情報屋の臨也という裏社会を生きる男だからである。

臨也は、本作で起きるほとんどの事件を陰で動かすフィクサー的存在で、自分の行動がいかなる反響を他者へ与えるかを楽しむという趣味を有している。したがって臨也はもちろん善人ではない。かといってまったくの悪人でもなく、「人を愛している」という哲学に忠実な男だけだといえる。つまり人間は善にも悪にも染まるがゆえに人間たりえるという、ハリウッド映画でいえば、クリストファー・ノーラン監督の『ダークナイト』（〇八）のような哲学を行動原理にしている人物といえばいいだろう。

さて話をチャットルームに戻そう。

先に「都市伝説」が伝説たりえるのは、それが「口頭伝承」を通じて生成されるものだからであると述べたように、裏バージョン的なチャットにおける会話も、その口頭伝承を後押しする機能を有している。ここのメンバーは、甘楽（臨也）以外に、田《た》中太郎《なかたろう》（帝人）をはじめ、バキュラ（正臣）、罪歌（杏里）、セットン（セルティ）らである。つまりアニメの中の現実世界で鍵を握る連中が、池袋でのダラーズ、黄巾賊、罪歌などに関するうわさ話を談義するわけである。彼らは各々明かしえぬ秘密を隠しているので、腹のさぐり合いもあるわけだが、このチャットルームの設定もまた「都市伝説」を後押ししているだけでなく、物語を重層化する仕掛けとして働いている。

なおセルティは首なしであるため話すことはできないので、チャットなど以外に、今や懐かしいＰＤＡ（Personal Digital Assistant、スマホやタブレット端末の前身で、九〇～〇五年頃まで人気を博した。掌《てのひら》サイズのものが多く、スケジュール管理・住所録・メモ帳などの機能があった。アップルのニュートン、シャープのザウルスなどが代表）を利用してコミュニケーションを図っている。このちょっと古いデバイスの使用も一興だと思う（のちにスマホに替わるが）。

ダラーズと黄巾賊、そしてブルースクウェア

次に黄巾賊編の分析にはいるが、まずは本作に登場するカラーギャングについて整理しておこう。すなわち、帝人は正体不明の「ダラーズ」の創始者の一人、正臣は「黄巾賊」の元リーダーという設定で、後述する「ブルースクウェア」を含め三つのカラーギャングが池袋に存在する。

この「カラーギャング」（和製英語）と呼ばれる日本の非行少年グループの結成には、現実に存在するアフリカ系アメリカ人（黒人）のストリートギャング、クリップスやブラッズの影響がある。クリップスは六八年頃に自らのコミュニティを守るために組織され、自分たちの正体を隠すために青のバンダナで顔を覆うようになり「青」をシンボル・カラーとした。他方、ブラッズはＬＡブリムスを核にその他の組織が緩

やかに連帯する形で結成され、「赤」のバンダナをシンボルとしたが、次第にクリップスと対立する。八四年にクラック（コカインの一種）の市場開放とともに、ドライブバイ・シューティング（車のウィンドウ越しに敵対する人物を銃撃し逃げる殺人方法）などによる殺人事件が頻繁に起こった。

もちろん日本のカラーギャングの場合、かの国のように銃器で武装してドライブバイ・シューティング等は行わない。しかし本家同様「赤」「青」「黒」など揃いのシンボルカラーを身につけていることからカラーギャングと呼ばれたわけである（社会学ではヒップホップ・ヤンキーという呼称もある。要するにヒップホップ、とくにギャングスタ・ラップを好んだ人が多いということ）。

九七年頃から暴走族やチーマーに変わるグループとして全国に拡がったが、〇〇年、堤幸彦《つつみゆきひこ》が演出したテレビドラマ『池袋ウエストゲートパーク』（原作は石田衣良《いしだいら》の小説）が放映され、その影響で池袋（西口公園やサンシャイン通り）に集結し、やがて渋谷に流れ込み、同時に郊外の住宅地にも出没した。たしかにゼロ年代前半には、私も池袋の街角でそれ風の若者をよく目にしたが、ゼロ年代後半以降はほとんど目にしてない。井上三太《いのうえさんた》のマンガ原作でアニメ化もされた『TOKYO TRIBE 2』

（〇六～〇七）も参考になるだろう。『デュラララ!!』の原作の刊行は〇四年なので、まさにカラーギャングの存在が消滅しかける前夜であり、そういう意味である種の貴重なドキュメンタリーとして読むことが可能だと思う。

興味深いのは、まず「ダラーズ」は、特定のカラーを持たず、ネットを中心として勢力を拡大した「フラッシュモブ」（Flash Mob）のような離合集散を繰り返すチームである点である。フラッシュモブとは、ネットで呼びかけた上で公共の場でやるパフォーマンスのことであるが、不特定多数の人が集合し解散するという意味で共通するだろう。またチームの実態やリーダーの存在が分からないため憶測が飛び交い、「お前はダラーズか」と問われたら「そうかもしれない」と答える位の「弱いつながり」を持っている。

このようなチームの創始者の一人である帝人は、「ゼロ記号」的なチームリーダーと考えられる。つまり（象徴天皇制のように）帝人は権力を有せず、「だらだらする連中」という意味のチーム名にシンボライズされるように、特定の形を形成しないこと自体が、逆説的に一つの意味として機能するということである。この点で「黄巾賊」とは好対照であろう。なお第一期では切り裂き魔事件が大きな鍵を握り物語が展開するが、「黄巾賊」はその犯人が「ダラーズ」の一員であると推測し、しだいに敵対していく。

他方、『三国志』に登場する後漢《ごかん》末期に張角《ちょうかく》を指導者とした太平道《たいへいどう》の信者グループ（「蒼天已死《そうてんすでにしす》」のスローガンで起こした黄巾の乱で有名）由来の名称を持つ「黄巾賊」は、「黄」のカラーを服装に身につける典型的なカラーギャングである。正臣が中学生だった頃に「将軍」としてチームを率いていたが、当時勢力を二分した「ブルースクウェア」との抗争中に、恋人の三ヶ島沙樹《みかじまさき》が拉致・暴行される事件が勃発し、結果的に正臣は脱退したためチームは一時勢力が衰える。

その後、法螺田《ほらだ》一派が新しく加入することで再び勢力を盛り返すのだが、問題はこの新加入した連中である。このあたりの経緯に関してはネタバレになるので語らないが、一〇〇人以上のメンバーをまとめ「将軍」と呼ばれた正臣は、「カリスマ」的なリーダーだったといえるだろう。

この「カリスマ」の資質を有する者は、ドイツの社会学者マックス・ウェーバーによると、「超自然的または超人間的な、あるいはすくなくとも、とくに非日常的な力とか特性をもった者とみなされ」るため、他者からリーダーだと評価されるという。中学時代の正臣はこのような力を有していたと想像できるだろう。

ここで鍵を握るのが泉井蘭《いずみいらん》をリーダーとした「ブルースクウェア」（設定は不詳だが、「蒼天已死」の「蒼《あお》」が由来か？）というカラーギャングで、「青」をシンボルカラーとしたことからそう呼ばれた。じつは彼らは雌伏《しふく》しており、切り裂き魔事件を契機として虎視眈々《こしたんたん》と下克上《げこくじょう》を狙っている。

後述する第二期の『承』では、このチームの元リーダーの弟である黒沼青葉《くろぬまあおば》（じつは立ち上げた黒幕）という高校一年生が帝人の後輩としてダラーズに加入する。その結果、第二期の『結《けつ》』では、帝人は青葉と取引して「ブルースクウェア」のリーダーも兼任するのだが、それは「ダラーズ」の一部が暴走し、帝人が考える理想のチームとかけ離れたため、「ダラーズ」を本来のものに取り戻す意図があった。したがって続編のラノベ『デュラララ!!SH』（以下『SH』）を含め、最後まで「ブルースクウェア」の亡霊（Spectre）が物語内を彷徨っていると考えられる。

ところで亡霊は、通常すでに過去のもので、もはや存在しないものとされるが、第二期の『結』を視聴すると、むしろ亡霊とは「ブルースクウェア」のように、つねに来たるべきものとして物語に回帰する存在（ニーチェ風にいえば「永劫回帰《えいごう》」する存在）とも考えうる。ちょうど『SH』で過去に一大勢力をはっていた暴走族・屍龍《ドラゴンゾンビ》の嬰麗貝《エイリーベイ》が台湾から帰ってきたように。こうした過去と未来との往還性《おうかんせい》があるというのも『デュラララ!!』の展開として興味深いところだと思う。

妖刀としての「罪歌」

次は杏里が体内に宿している妖刀「罪歌」について考えたい。

杏里は幼少時代にある事件で両親を亡くし、それを契機として人を愛することができなくなった。ところがその事件を起こした妖刀「罪歌」を体内にはらむことでバランスを維持するとともに、高い身体能力で「罪歌」を操ることができるようになったという。

興味深いのは、この「罪歌」を操る際、杏里の目が赤く光りだし、斬った人間を意のままにコントロールすることができるという設定である。つまり妖刀「罪歌」は、「母」として斬った相手の意識に憑依《ひょうい》し、擬似的な母子関係を構築する。そして「子」はさらに自分の「子」を生み出すことが可能なので、ねずみ算式に勢力を拡張することができる。杏里が、帝人の「ダラーズ」や正臣の「黄巾賊」に対抗できるような第三勢力を築きえた理由がここにある。

原作者の成田によると、「罪歌」の構想はシリーズがはじまる前のある企画から生まれたという。それは『竹槍任侠伝《たけやりにんきょうでん》』という企画で、戦後間もない新宿を舞台に、主人公のインテリジェンス竹槍のライバルとして「罪歌」という構想がえられ、この企画自体は頓挫《とんざ》したものの、それが『デュラララ!!』に採用され、杏里というキャラクターが生まれたという。

『デュラララ!!』における「罪歌」は古く江戸に伝わる妖刀で、女性の人格を有し、すべての人間を愛し／呪い続けるという特性を持っているとされ、それを戦後間もない時期に新宿の闇市《やみいち》で米兵がみつけたという。そしてそれを何らかの経緯で、内気な学級委員長にしてグラマラスな美少女の杏里が宿すというところに、日本のポップカルチャーならではの屈折した歴史意識や美意識を感じるが、「ＢＬＯＯＤ」シリーズをはじめ『灼眼《しゃくがん》のシャナ』『空《から》の境界』など刀を振るう美少女キャラクターは多く存在する。

ここで注目すべきはその刀が妖刀、つまり中世の軍記物で語られ、その後さまざまな説話に登場した刀剣の類であるということだと思う。軍記物に登場する妖刀として、たとえば『源平盛衰記《げんぺいせいすいき》』などで語られた源氏《げんじ》の「髭切《ひげきり》」「膝丸《ひざまる》」、『平治物語《へいじ》』などに登場する平氏《へいし》の「抜丸《ぬけまる》」、『太平記《たいへいき》』に記載されている北条《ほうじょう》氏の「鬼丸《おにまる》」などが有名だろう。これらの軍記物あるいはその伝承をベースとした説話で、刀の妖刀的な側面が語られている（刀の擬人化という側面もあり興味深い）。

たとえば「鬼丸」を例にあげると、北条時頼《ときより》が、毎夜夢の中で小鬼に苦しめられていた。ある晩夢の中で老人が現れ、自分は刀であると語り、「妖怪を退治したければ早く自分の錆《さび》を拭《ぬぐ》ってくれ」と頼む。そこで錆を拭《ふ》き去ったところ、立てかけておいた刀が倒れ、近くにあった火鉢《ひばち》の足（鬼の形をしていた）を斬《き》った。それ以来夢の中で小鬼に苦しめられることがなくなったという。

ではなぜ妖刀がある意味「怪談」のような形で伝承されるのだろう。それは『刀剣《とうけん》乱舞《らんぶ》』ファンの方はご存じかと思うが、古来日本刀は「神体」として祀《まつ》られてきたという伝統がある。また日本刀は名工たちによって鍛えられ、それを入手した持ち主が人を斬った場合、血を吸う。そこにある種の霊魂（悪霊）が宿ると考えることは、人間の心性としてありえる話だろう。

ただし「罪歌」の場合、人を斬るといっても魂を斬るという意味合いが強い。また杏里は「罪歌」に憑依されているのではなく、共存することで自分の人格を保っているし、刀が「子」や「孫」へと腑分《ふわ》け（二本に折って両方を刀として鍛え直すこと。この方法により「罪歌」は増殖）を繰り返すという類例のない妖刀でもある。

しかしながら「罪歌」はひたすら人間への愛／呪いを叫び続けるため、先の「鬼丸」のように自意識を有する日本伝統の妖刀なのである。このような視点で「罪歌」編を観るなら、「罪歌」を中世に書かれた軍記物およびそれに基づいた膨大な数の説話、それらの流れに位置付けることも可能かもしれない。

増殖するキャラクター

『デュラララ!!』の第一期から五年をへた一五年、再び第一期の大森監督を迎え、待望の第二期『デュラララ!!×2』のテレビ放映がはじまった。今回は原作の第四巻から第一三巻までと大部《たいぶ》なので、三クール分割で『承』『転《てん》』『結』それぞれ一二話ずつという構成である。

さて第二期は、第一期の半年後の池袋が舞台である。ただし第二期からいきなり視聴することはあまりお勧めできない（もちろんここから遡《さかのぼ》る手もあるが）。なぜなら新しいキャラクターが多数登場するので、第一期の物語を押さえていなかったとしたら、複数のキャラクターを組み合わせながら作品を楽しむ「関係性消費」の肝である、人間関係を把握しきれないからだ。

たとえば、静雄の弟である羽島幽平《はねじまゆうへい》こと幽《かすか》、臨也の妹である双子の九瑠璃《くるり》と舞流《まいる》と、新羅の父・森厳《しんげん》の妻であるエミリアは、既存のキャラクターと家族関係があるので把握しやすいが、人気アイドルの聖辺《ひじりべ》ルリ、埼玉の暴走族「To羅丸《とらまる》」の総長である六《ろく》条千景《じょうちかげ》、ロシアから来た殺し屋のエゴールやヴァローナ、池袋を拠点とした任侠系の組の一派・粟楠会《あわくすかい》の幹部である赤林《あかばやし》海月《みづき》や四木春也《しきはるや》および会長の孫娘の茜《あかね》、芸能事務所社長にして闇ブローカーの澱切陣内《よどぎりじんない》とその秘書である鯨木《くじらぎ》かさねなど、さまざまな思惑を抱く人々が登場する。したがって人間関係が把握しきれなくなる可能性がある。

とはいっても抜群のストーリーが展開される傑作なので、『承』の序盤のみ少し紹介しよう。

第一期の半年後、池袋は平穏を取り戻すものの、ハリウッドと呼ばれる殺人鬼による連続殺人事件が起こる。そしてこの犯人のハリウッドと、ロシアから来た殺し屋のエゴールが夜の公園で対峙する。ところがそこにいた静雄により二人とも吹き飛ばされ、ハリウッドは静雄の弟である羽島幽平、エゴールは臨也の妹である九瑠璃と舞流の尽力により介抱される。序盤はこの池袋殺人事件がメインではあるが、二年生となった帝人の前に、新入生の青葉が現れることから「真」なる混沌《こんとん》がはじまり……という展開である。

新キャラクターが多いので、まずは帝人を定点において人物関係を把握した上で、『承』『転』『結』のストーリーを追うとわかりやすいと思う。先に述べたように、「ダラーズ」の設立者・帝人は『結』において青葉と取引して「ブルースクウェア」のリーダーをも兼任する。それは帝人が「ダラーズ」をリセットし、理想の形を取り戻すためであった。そして彼は……。

もう一つの「エスノポリス」

そろそろまとめにはいりたい。

本作に登場した「デュラハン」、カラーギャングの「ダラーズ」「黄巾賊」「ブルースクウェア」、妖刀「罪歌」にプラス、闇医者、第二期から出てきたハリウッドという殺人鬼、暴走族、ロシア人の殺し屋、任俠、闇ブローカー。これらはそれぞれ文化的な背景はまったく異なる。ところが『デュラララ!!』において違和感なく共存しぇたのは、「池袋」というカオスな都市を舞台としたからであろう。

なお任俠系の粟楠会は暴力団ではあるが、ドラッグ売買には手をだしていない。また粟楠会の幹部をみていると、江戸期のやくざ＝博徒《ばくと》（博打打《ばくちう》ち）に似たメンタリティを有しているし、戦後の闇市などを管理していたテキ屋、あるいは街の顔役的な存在でもある。会長の孫娘・茜も第二期の物語にわりと関わるので付言しておきたい。

それにしても『デュラララ!!』の登場人物は「アウトロー」（Outlaw、はみ出し者）ばかりであることに気づかされる。否。「アウトロー」しかいないと断言してもかまわないかもしれない。

英語の「アウトロー」はその意味合いから、①無法者（法的秩序を逸脱する者）、②法外者（法の保護を奪われた者）、③反逆者（体制に反逆する者）の三つにカテゴリー分けできる。

本作に登場する「アウトロー」を分類すると、③はおらず、①の無法者は「殺人鬼、カラーギャング、暴走族、ロシアの元傭兵、任侠、闇医者、闇ブローカー」が、②の法外者は「デュラハン、罪歌」が、それぞれ範疇《はんちゅう》にはいると思われる。③の反逆者がいないのは、要するに現代は六〇年代の学生運動に象徴されるイデオロギー的な反逆の時代ではないことを示していると思う。その結果、今や「アウトロー」は、法的秩序を逸脱した者か、法の保護を奪われた者に限られ、そうした形でしか社会から一定の距離を保ちえないということだろう。そういう観点で本作を視聴すると、一〇年代の現代社会をも透視できそうだ。

なお都市をその構造や機能といった面から分析する社会学を「都市社会学」(Urban Sociology）という。この立脚点から池袋という都市を「エスノポリス」（民族都市、八〇年代後半に来日したニューカマーズや、それ以降のニュー・ニューカマーズを含め池袋や新宿のような都市は多様化している）として捉えたのが社会学者の奥田道大《おくだみちひろ》である。

奥田は池袋や新宿の外国籍の居住者に着目し調査した。詳細は参考文献に譲るとして、たとえば一八年一月の豊島区における外国籍の居住者数は二九〇一〇人。このうち四三％が中国、一一・九％がベトナム、一一・七％がネパール、八・四％が韓国、七・三％がミャンマー、四・三％が台湾、一・七％がフィリピンという具合に、アジア系が上位七位を占めている。

こうしたデータから再考すると、ロシア系が多い『デュラララ!!』は特異な作品だということがよく分かるが、続編のラノベ『ＳＨ』では、屍龍《ドラゴンゾンビ》という暴走族のリーダーで台湾系の嬰麗貝《エイリーベイ》が再来日、また夏瓦《なつがわら》家の養子で褐色《かっしょく》の肌であるジャミが登場する。それゆえ一連の「デュラララ!!」シリーズにおける「池袋」とは、フィクションと現実との間から立ち上がるもう一つ別の「エスノポリス」といえるかもしれない。

エスノポリスとしての池袋。

日常と非日常の狭間、さまざまな思惑を抱くアウトローたちが「暗黒」（Noir）にうごめく。フィルム・ノワール（Film Noir、暗黒映画、アメリカで四〇年代から五〇年代にかけて製作された犯罪映画のこと）ならぬ、アニメ・ノワール（造語）的な人間ドラマがそこで展開されている。

第3部

正義と悪

第6章 『TIGER & BUNNY』メディア・イベントと都市の地政学

オルタヒーローもの

一〇年代のアニメは、『TIGER & BUNNY』（以下、『タイバニ』）を筆頭にして、日本独自のヒーローものを生みだした印象がある。これをアメコミのヒーローものと区別して、暫定的《ざんてい》に「オルタヒーローもの」（ネオヒーローもの）と命名しておきたい。

何をもって接頭辞に「オルタ」（Alt.、Alternative の略）＝「もう一つの」を付けたかというと、後述するアメコミのヒーローものと比較すると別の可能性、すなわち独特な設定とストーリー展開に、日本人の理想や行動原理とまではいかないにしても、「正義とは何か」に関する日本独自の価値意識を見いだすことは可能だと考えているからだ。

通例ヒーローや超人が活躍する作品というものは、「正義が悪を倒す」式なので単純なプロットと思われがちだが、各作品をじっくり視聴するとそれぞれが独自色を打ち出している。以下、数点とりあげよう。

まず二〇一三年から一四年にかけてオリジナルアニメとして放映されたのが『サムライフラメンコ』である。

監督は第五章でとりあげた『デュラララ!!』の大森貴弘《おおもりたかひろ》で、ちょうど『デュラララ!!』の第一期と第二期とのあいだに制作された。物語は、特撮《とくさつ》ヒーローに憧れる男性モデルの羽佐間正義《はざままさよし》が「正義の味方」として活動するものの、「無能力」なのでうまくいかない。そうした中、警察官やアクション俳優、さらにはアイドル歌手と知り合い、彼らとの関わりを通じて……という展開である。主人公が「正義」に一直線なところが「戦隊」シリーズ系の特撮ヒーロー由来なのだが、現実との齟齬《そご》が描かれており、そこが見所だろう。またフラメンコ星人の設定など随所にオタク心をくすぐるところがある。

次に一五年にONE原案で、村田雄介《むらたゆうすけ》がリメイクしたマンガを原作としたアニメ

『ワンパンマン』がテレビ放映された。

主人公のサイタマは三年の厳しい修行の末、パンチ一発で敵を倒してしまう強さを手に入れたヒーローであるが、最強ゆえに「無気力」という、アメコミでいえばデッドプールのような新しいタイプのヒーローである。サイボーグの青年であるジェノスや、無免ライダーあるいは音速のソニックといった個性的なヒーローが多数登場するし、何より「無気力」なサイタマがパンチ一発でランキングの最下位からあれよあれよという間に上位に昇っていく過程にワクワクするだろう。日本版のメタフィクション・ヒーロー（メタヒーロー）という路線だと思う。

その他では、オリジナルアニメの『コンクリート・レボルティオ〜超人幻想〜』（一五、一六）は、第二次世界大戦のような「大きな戦争」をへて「神化《しんか》」という元号を迎えた日本の「戦後」を舞台に、超人たちが戦うという「シェアードワールド」(Shared World)のヒーローもの。また堀越耕平《ほりこしこうへい》の人気マンガを原作とした『僕のヒーローアカデミア』（一六、一七）は、落ちこぼれの少年が高校に入学し最高のヒーローを目指す学園ヒーローもの。あるいは大暮維人《おおぐれいと》がキャラデザ原案を担当した『Infini-T Force《インフィニティフォース》』（一七）は、謎の大振りな鉛筆を与えられた女子高生・界堂笑《かいどうえみ》がヒロインで、彼女を守るため、タツノコプロの往年のヒーローであるガッチャマン、テッカマン、ポリマー、キャシャーンの四人が集結したフル3DCGアニメ。そして『GANTZ』で有名な奥浩哉《おくひろや》のマンガを原作とした『いぬやしき』（一七）は、五八歳のさえない男・犬屋敷壱郎《いぬやしきいちろう》が宇宙人の手によって機械の身体に改造されヒーローになるという異色作、という具合に、各作品で独自色を出している。

先の「正義とは何か」というテーマで再考すると、各作品のキャラクターにより捉え方は千差万別であろうが、基本的に押し付けがましいところがなく、必ずそれを相対化するキャラクター（たとえば『いぬやしき』の場合、高校生の獅子神皓《ししがみひろ》）が登場するところが、日本のアニメの成熟度を表していると思う。それではいよいよこのジャンルの現時点での最高傑作であると思われる『タイバニ』をとりあげよう。

『タイバニ』のはじまり

一一年にテレビ放映された『タイバニ』は、原作のないオリジナル作品である。

監督は『鴉《からす》-KARAS-』（〇五～〇七）で知られるさとうけいいちだが、この作品はOVA（主にレンタルを販路として製作されたアニメ）なので、アニメのコアなファンは別としてそう知られていないと思う。またさとうはヒーローものの傑作アニメ『ＴＨＥ ビッグオー』（九九〜〇〇、〇二〜〇三）のキャラデザを担当し、特撮では『百獣戦隊ガオレンジャー』（〇一〜〇二）などの戦隊もの、ならびにそれをメタ化した傑作『非公認戦隊アキバレンジャー』（一二）のキャラデザを担った人物でもある。

他方、シリーズ構成・脚本は、舞台の脚本・演出で名高く、テレビではジャニーズのアイドルを起用したドラマ『怪物くん』（一〇）、『妖怪人間ベム』（一一）などのヒットで知られる西田征史《にしだまさふみ》、キャラデザの原案は、『ウイングマン』『電影《でんえい》少女』などで有名なマンガ家の桂正和《かつらまさかず》である。この三人は、同じポップカルチャーといっても、アニメだけでなく、特撮、ドラマ、マンガといった（近接するものの）他にまたがった文化領域でも活躍している人物である。いわば「組み合わせの妙《みょう》」という言葉がぴったりなスタッフだと思う。

さて二クール全二五話のプロットを整理しよう。

舞台は人口二二〇〇万人の大都市シュテルンビルト。この三層構造の都市を舞台に、「ＮＥＸＴ能力」を有するヒーローたちの活躍を描いたもので、彼らは各々企業に所

図6-1　ヒーローたち

	NEXT能力	所属企業
ワイルドタイガー（鏑木《かぶらぎ》・T・虎徹《こてつ》）	ハンドレッドパワー（身体能力100倍）	アポロンメディア（メディア企業、傘下にHERO TV）
バーナビー・ブルックスJR.	同上	同上
ブルーローズ（カリーナ・ライル）	氷を操る	タイタンインダストリー（重工業）
ロックバイソン（アントニオ・ロペス）	強靭な皮膚	クロノスフーズ（食品業）
スカイハイ（キース・グッドマン）	風を操る	ポセイドンライン（交通業）
ドラゴンキッド（黄宝鈴《ホァン・パオリン》）	稲妻を操る	オデュッセウスコミュニケーション（通信業）
折紙《おりがみ》サイクロン（イワン・カレリン）	擬態	ヘリペリデスファイナンス（金融業）
ファイヤー・エンブレム（ネイサン・シーモア）	炎を操る	ヘリオスエナジー（エネルギー産業）※オーナー

＊1. バーナビーは正体を隠すことなくヒーローとして活躍。
2. 八人の出自は、欧米の白人系以外に、日本、ラテン、ロシア、中国、アフリカ系という具合に多様。
3. 男女比は五人対三人（生物学的には六人対二人）という絶妙なバランス。
4. 虎徹とバーナビーの能力が同じなのはバディゆえの設定で、グッドラックモードで能力が強化されたりコンビネーションで敵を粉砕したりする場合もある。
5. 企業名はギリシア神話が由来だが、この七大企業が都市を支配している。ただしヘリペリデスが、ニンフのヘスペリデスだと仮定するとスペルミスかもしれない。

属し、HERO TVという番組でショーアップされた形でその活躍がライブ中継されている。主なヒーローは八人いるが、主人公のワイルドタイガーこと鏑木《かぶらぎ》・T・虎徹《こてつ》とその相棒であるバーナビー・ブルックスJr.、この二人を軸に物語は展開する（**図6－1参考**）。

まずバーナビーがヒーローになった理由は、彼の幼少時に両親が殺され、その犯人を探し出し復讐を行うことである。序盤はほぼ一話完結でキャラクターを紹介するような回が続き、この目的が明らかにされだすのが第六話、ウロボロスという組織の謎を追いながら、本格的な復讐劇が遂行されるのが第一九話以降という流れである。他方、虎徹がヒーローになったのは、伝説のヒーローであるMr.レジェンドに憧れてのことであった。ところが加齢とともに能力が減退しはじめ、本来なら五分間もつ能力が一分しか保てなくなったため、ヒーローを辞めようと思いはじめる。物語は終盤に向けて加速し、さまざまな危機をへてバーナビーの復讐が……という話である。

『タイバニ』の人気の理由

さてまず『タイバニ』の人気の理由を考えてみたい。

本作はオリジナル作品である。そのため放映される前はさほど注目を集めなかったと記憶している。そうした低い下馬評《げばひょう》みたいなものを覆《くつがえ》し、一気に人気作となり、一七年にＮＨＫが放映した「ニッポンアニメ１００」という番組における視聴者人気投票で堂々の一位を獲得したように、国民的アニメとなった。

人気の理由は七点ほど指摘できると思う。

1. 洗練された映像と抜群のストーリーテリング。
2. 主人公・虎徹の要領の悪さ。
3. バーナビーのクールさとは裏腹の暗い過去。
4. この二人のバディぶり。
5. 会社勤めのヒーローという設定。
6. 実際の企業がスポンサー。
7. ユーストリーム→ツイッター→テレビ放映というメディア戦略。

1および2〜4は後述するとして、興味深いのは、まず5の「会社勤めのヒーロー」と6の「実際の企業がスポンサー」であろう。

監督のさとうへのインタビューによると、制作会社のサンライズから「二〇代後半から四〇代の男性向けのヒーローものを作りたい」との相談を受け、それなら「今、社会に出て仕事をしながら、いろんなものと戦っている人たちに共感してもらえるもの」を目指そうと考えて『タイバニ』が制作されたという。そこで5の「会社勤めのヒーロー」という設定が生まれたわけである。したがって人気を後押ししたのは、ふだんは自分が所属する企業の利益を考え、他社のライバルと競い合い、ひたすらポイントを稼ぎランキングを上げることに四苦八苦するのだが、危機の際にはヒーロー同士の関係性(絆)により互いに力を合わせて戦うという展開だろう。いわば会社を超えた業界のコラボレーションという案配である。

また6の「実際の企業がスポンサー」になった件に関しては、たとえば虎徹の場合はソフトバンク、バーナビーの場合はバンダイという風に、戦闘時のスーツには実際の企業名が記された。これは広告代理店を通じてスポンサーをえる「プロダクト・プレイスメント」(Product Placement)の導入である。現実に存在する企業のロゴがヒーローのスーツに紋章《もんしょう》のように記されること。これによって、現実(三次元)の要素がフィクションへ加味されることとなり、結果としてあたかも「私たち」のヒーローが戦っているかの印象を与えることとなった。これは想定外の副産物なのだが、人気の理由の一つとして考えることが可能であろう。

次に7の「メディア戦略」に関しても考えたい。

一〇年代のアニメ視聴は、テレビだけでなくネットでもというスタイルが増えている（カスタマイズ視聴）。一般的には世界大手のネットフリックスをはじめ、アマゾンプライム・ビデオ、ディーティービー、フールー、ユーネクストといった定額の動画配信（ストリーミング）サービスが利用されているが、アニメに特化したdアニメストア、バンダイチャンネル、ニコニコチャンネル アニメなどで視聴する人も多い。バンダイチャンネルが定額となったのが一一年、dアニメストアのサービス開始が一二年なので、『タイバニ』はその前夜だったことになる。

他方、ユーストリームは〇七年からサービスがはじまった動画共有サイトである（一七年に完全消滅）。かつて宇多田《うただ》ヒカルの「WILD LIFE」公演のライブ動画を配信し話題を集めたが、『タイバニ』の場合、TOKYO MXでテレビ放映する三日前に最新話の配信を行った。その結果、関東エリアのファンはまずユーストリームで動画をチェックしながら、その感想をツイッターに投稿。よい感想は拡散するので、三日間のお祭り騒ぎをへて、再びテレビ視聴するというスタイルを形成した（つながり視聴）。要するに（明確に意図したか否かは別にして）「バズ」（Buzz、口コミ）という形で話題が話題を呼ぶようにする戦略をとったわけである。これも人気を後押ししたと思われる。

※付言：ＮＨＫ放送文化研究所の世論調査部の報告書（平田《ひらた》明裕《あきひろ》・執行《しぎょう》文子《あやこ》）によると、テレビ番組をタイムシフト、あるいはネットの動画で視聴することを「カスタマイズ視聴」。ＳＮＳでテレビに関する情報や感想を投下し、いわばコミュニケーションを行いながら視聴することを「つながり視聴」と呼称している。『タイバニ』の視聴の場合、後者の「つながり視聴」の先駆という見方ができる。メディア論としてとても興味深いだろう。

アンチヒーローとしてのルナティック

『タイバニ』は北米でも話題になり、ユーチューブなどではファンによる字幕＝「ファンサブ」（Fansub）が付けられ視聴された。もちろん違法なのでほめられたことではないが、公式にテレビ放映された際にその吹き替えに違和感があったためか、ファンサブ側の批判が相次いだという。なおこの「ファンサブ」は、アメリカのメディア研究者のイアン・コンドリーがいう「協働による創造」(Collaborative Creativity)、つまり公式の制作者と非公式なファンを結び付けた創造ともいえ、北米のアニメ消費を考える上で注目に値するだろう。

話を元に戻して、『タイバニ』の場合、やはり1の「洗練された映像と抜群のストーリーテリング」は、特筆すべきだと思う。

ここでは後者のストーリーテリングのみをとりあげると、シリーズ構成にドラマ畑の西田征史を登用したことが大きい。たとえば主人公のベム役にKAT-TUNの亀梨和也《なしかずや》が配されたテレビドラマ『妖怪人間ベム』を観れば分かるが、北村一輝《きたむらかずき》が演ずる刑事・夏目章規《なつめしょうき》との微妙な関係性がうまく会話劇として表象されており、脚本家としての実力を垣間見た。その西田が『タイバニ』のシリーズ構成を行ったので、舞台やテレビドラマで培った物語作りのノウハウをうまくアニメで活かし、先に指摘した2から4、すなわち「主人公・虎徹の要領の悪さ」「バーナビーのクールさとは裏腹の暗い過去」「この二人のバディぶり」を描いたことが人気の核にあるのは疑いないだろう(刑事ドラマ『相棒』からの影響もある)。

また第一話で虎徹がバーナビーにお姫様ダッコされ、それが女性ファンに受けたことが人気を後押ししたことも事実である。

しかしながら、虎徹やバーナビーの前に「死神」のような格好でマントをなびかせながら登場したルナティックというアンチヒーロー（同義でダークヒーロー、バッドヒーロー）の存在がじつは重要だと思う。

ルナティックは『妖怪人間べム』に登場する三人の妖怪人間べム・べラ・べロと同じように、過酷な体験をへた存在である。すなわち彼の父親は初代ヒーローのMr.レジェンドであるが、父親が晩年になるとＮＥＸＴ能力が衰え喪失したため、酒におぼれ妻オリガに対して家庭内暴力を行った。その結果、ルナティックは青い炎を操るＮＥＸＴ能力を暴発させ、父であるMr.レジェンドの殺害に至った。ここには「父殺し」という古代ギリシア神話の悲劇『オイディプス王』（オイディプス王が父を殺して母を妻とした）以来のテーマがあると推察できる。

オーストリアの精神分析学者ジークムント・フロイトによると、男の子は最初の異性である母親を手に入れたいと望むという。しかし母親は父親の彼女であるので、母親との恋は断念しなければならない。もしその思いを断つことができない場合、邪魔者である父親を排除したいと考える。これがいわゆる「父殺し」で、フロイトはその心的メカニズムを「オイディ《エ》プス・コンプレックス」（Oedipuskomplex）と名付けた。

この有名な公式で何がいいたいかというと、じつはルナティックにとって「父殺し」とは、一つの権威に対する反抗、あるいは体制の破壊ではないかということである。要するにMr.レジェンドが体現するヒーローの「正義」に対するアンチ、端的にいえば革命といっても過言でないと思う。

スーパーヒーローの正義に対してアンチテーゼを唱える存在。

たとえばアメコミでは、バットマンに対するジョーカー、スポーンに対するバイオレーターがそれにあたるように、ヒーローものにはアンチヒーローが必要不可欠である。ルナティックの正体に関しては言及しないが、ふだんはシュテルンビルトの法に関わる仕事をしている。そして「私の名はルナティック。私は私の正義で動く」という宣言を行い、ヒーローとは別の価値観、別の正義で悪と戦うわけである。

この点でいうと、アメコミのジョーカーやバイオレーターが悪、もしくは善悪の彼《ひ》岸《がん》（向こう側）に立つ存在であるのに対して、あくまで善の側に留まるが、その善、つまり正義がヒーローとは違うものだということとなる。そしてそれはギリシア神話に登場する「死神」、転じて「死」を意味する「タナトス」（Thanatos）の声を聞く者というキャッチフレーズで分かるように、犯人に死をもって罪を贖《あがな》わせるという過酷な正義であった（刑法上、シュテルンビルトに死刑は存在しない）。

メディア・イベントとしてのHERO TV

ルナティックというアンチヒーロー以外で感心したのは、作中で放送される架空のテレビ番組「HERO TV」の機能と、舞台であるシュテルンビルトの地政学である。まずHERO TVは、虎徹とバーナビーが所属するアポロンメディアの傘下のOBCから放送されており、ヒーローが活躍する場面をほぼリアルタイムで報道する娯楽レスキュー番組である。

興味深いのは、辣腕《らつわん》プロデューサーであるアニエス・ジュベールが、ヒーローに指示を出す場合が多いことである。これは民間放送（民放）の業界人として視聴率を上げるために、番組のショーアップを図ることが目的だが、ヒーローに対して戦い方の指示を出すということは、テレビのプロデューサーであると同時に、司法省や警察のコマンダー（司令官）的側面をも担っているということとなる。シュテルンビルトの平和は、じつは一人の女性の双肩《そうけん》にかかっているといっても過言ではないかもしれない。

ところでフランスのメディア論者ダニエル・ダヤーンらが、ワールドカップ（以下、W杯）、オリンピック、要人の外国訪問など、メディアでとりあげられる祭礼色の強いイベントのことを「メディア・イベント」（Media Event）と呼んでいる。これは事前に計画されたもので、リアルタイムのライブを特徴とし、それを観ることで視聴者は心を動かすという。

たとえば国際サッカー連盟（FIFA）が主催するW杯の場合、四年に一度、開催国を決めたのち、各地区ごとに一次・二次・最終予選からなる予選大会が開かれ、勝ち抜いたチームが本大会へと駒《こま》を進め世界一を争う。これらはすべて事前に計画されたスケジュールに基づいており、私たちは試合をテレビ（やネット）のリアルタイムのライブ映像で観ながら、おおむね自分たちのナショナル・チームを応援する。したがってこのW杯は「メディア・イベント」の最たる例であろう。

重要なことは、W杯のような「メディア・イベント」を通じて私たちの感情は操作され、そのイベントが集団的なアイデンティティを確認・強化するメディア装置（あるいはイデオロギー装置）として機能することだと思う。

『タイバニ』に敷衍《ふえん》して語ると、ヒーローが事件や事故に対処して活躍する場面をリアルタイムでHERO TVが報道する。事件や事故は本来、偶然の出来事なのだが、視聴率を上げるためにヒーローに指示を出し、祭礼色の強い「メディア・イベント」に脚色する。そのドラマティックな展開を観ながら、視聴者であるシュテルンビルトの市民だけでなく、それを現実のこちら側からみつめる私たち市民（ファン）もまた心を動かされる。その結果、ヒーローはギリシア神話の神々のような「神話」的な役割を担い、街頭やお茶の間が「公的空間」（Public Space）へと転化した結果、集団の記憶は再編集されるわけである。

以上のような二重の「メディア・イベント」的な機能をHERO TVは担っていると考えうる。

シュテルンビルト、都市の地政学

他方、シュテルンビルト（Sternbild、ドイツ語で星座という意味）は、人口二二〇〇万人の大都市で三層構造からなる。すなわち最上階の一階層はゴールドステージと呼ばれ富裕層が、二階層はシルバーステージと呼ばれ中間層が、犯罪が多発する最下層の三階層はブロンズステージと呼ばれ貧困層が暮らすとされている。とくにこの三つの層から成り立つ中央部のシュテルンメダイユ地区が物語の舞台なのだが、近くにはダウンタウン地区があり、橋を渡るとブロックス工業地区が存在する。

もちろんこのような多層構造の都市は現実には存在しない。とはいえ都市の中心部であるシュテルンメダイユ地区の中央にそびえ立つジャスティスタワーの女神像や、背後に控えるダウンタウン地区を考慮に入れると、ニューヨークをモデルとしてシュテルンビルトは構想されたのではないかと推察する。女神像は自由の女神像、ダウンタウン地区はハーレムやブロンクスとイメージが重なる（もちろん、最初のイメージは東京だったというインタビューでの発言はよく理解しているし、いろいろな国の都市の要素もあるが）。

そう考えると、後述するアメコミのスーパーヒーローの舞台と重複してくる。

たとえば縦横無尽に飛び回るスパイダーマンをはじめ、スーパーマン、アイアンマン所属のアベンジャーズが活躍する舞台、加えてバットマンのゴッサムシティは、ニューヨークであるか、それをひな形にした都市である。これはアメコミの二大出版社であるマーベルとDCの本社がマンハッタンにあったことの影響であろう（DCの本社は一五年からカリフォルニア州バーバンクへと移転）。

しかし同時に移民やさまざまな民族が暮らすニューヨークは、アメリカ市民の理想を体現する都市であることも外せないポイントであり、これがスーパーヒーローの「都市の地政学」（Geopolitics of Cities、都市の政治学や経済地理学）である。要するにヒーローものの舞台はアメリカの西海岸ではなく、東海岸のニューヨークが似合うということだ（日本のアニメでは一五年と一七年にテレビ放映された内藤泰弘《ないとうやすひろ》マンガ原作の『血界戦線《けっかいせんせん》』が参考になる）。

それと同じように『タイバニ』の舞台であるシュテルンビルトには、多様な民族や移民、さらにいえばNEXT能力者が共存しており、市民の自由を守るためヒーローたちが日夜活躍する。この都市で流通するシュテルンドルという独自の通貨が、ドルの一種であることもニューヨーク・モデル説の傍証になるだろう。

とはいえシュテルンビルトという都市の脆弱《ぜいじゃく》さはいかんともしがたい面を持っている。とりわけそれを感じさせた逸話が、第九話から第一三話にかけて展開されたウロボロス篇だと思う。

ウロボロス篇は、謎の組織ウロボロスのメンバーであるクリームによる大規模な同時多発テロ宣言と、NEXT原理主義者であるジェイク・マルチネスのアッバス刑務所からの解放により本格化し、ジャスティスタワーが占拠されたりするのだが、その際テロリストはシュテルンビルトの三層構造を支える柱を爆破することで都市の瓦解《がかい》を試みる（三本の支柱が破壊されると街は沈んでしまうという設定）。要するに旧約聖書の「創世記」で語られた「バベルの塔」が、神の怒りにより崩れてしまったという解釈または寓話《ぐうわ》（旧約聖書の記述にはない）のように、このシュテルンビルトという都市も支柱さえ攻撃すれば市民の安全は脅《おびや》かされるわけである。

ここに〇一年にニューヨークで起きた九・一一同時多発テロの何らかの影響をみるのは容易《たやす》いことだが、マドリード、ロンドン、パリ……その後、現実で起きたテロもまた大都市では避けがたいものだという事実を痛感する逸話でもあった。

劇場版『タイバニ』、連鎖する復讐劇

テレビシリーズの人気を受けて、劇場版が二作制作された。

脚本はテレビ版と同じく西田であるが、監督はさとうに代わって、『BRIGADOON まりんとメラン』（〇〇）などで知られる米《よね》たにヨシトモが担当した（テレビ版『タイバニ』では第一話の絵コンテを担当）。最近は『食戟《しょくげき》のソーマ』（一五〜一七）や『バチカン奇跡調査官』（一七）など人気作の監督を行っているが、それらを含めベテランらしくそつがない作品に仕上がっている。

このうち一二年に公開された第一弾の『劇場版 TIGER & BUNNY -The Beginning-』は、テレビシリーズの第一話と第二話をベースに新しいカットを追加し、また第二話と第三話の間に起こったロビン・バクスターによる事件という新しい逸話を挿入している。それに対して一四年に公開された第二弾の『劇場版 TIGER & BUNNY -The Rising-』は、テレビシリーズの最終話以降の物語が展開されている。

ここでは煩雑を避け、後者の第二弾をとりあげよう。プロットは次のようなものである。

HERO TVを放映するOBCの親会社であるアポロンメディアが経営危機に陥っていた。それを救った人物が、大手IT企業ガーゴイルテクニカのマーク・シュナイダーで、彼が新しいオーナーとなった。他方、虎徹とバーナビーは二部リーグに降格していたものの、バーナビーだけは彼の新しいバディとしてゴールデンライアンという重力を操るヒーローが指名され、一部リーグに昇格する。そうした中、一人の女神がシュテルンビルトを創ったという神話に基づいた「ジャスティスデー」がやってくる。そのフェスティバルを狙った実行犯が、ＮＥＸＴ能力を持つリチャード・マックス、カーシャ・グラハム、ジョニー・ウォンの三人で、ウォンの攻撃によりファイヤーエンブレムことネイサン・シーモアが眠りの世界に迷い込んでしまう。悪夢に悩まされるネイサンがその後どうなるかは言及しないが、じつは敵は三人だけでなく、アポロンメディアの関係者が黒幕だった……という話である。

この黒幕は磁力を操るＮＥＸＴ能力を有しており、終盤の虎徹やバーナビーとの戦いが魅力的なのだが、この人物がアポロンメディアの新オーナー、マーク・シュナイダーを狙った理由というのが、バーナビーやルナティックと同じような過去の出来事に対する復讐なのである。

結果としてその復讐が善か悪かといったテーマが浮上する。したがって当然のことながら、アンチヒーローのルナティックがこの戦いに介入し、禅問答《ぜんもんどう》が繰り広げられる。そうしたテーマもありながら、やはり劇場版という性格上、華々しい戦いがメインであり、いかにヒーローたちが実行犯三人とその黒幕のNEXT能力者と戦い撃破するか、その戦いの行く末が痛快な娯楽作という評価になると思う（女性が喜ぶようなシーンもあるし、腐男子《ふだんし》としてはお腹いっぱいになる）。

日本が生んだオルタヒーローものとしての『タイバニ』。

よくよく考えると、現代のテロリズムが吹き荒れる世界を代理＝表象した面をあわせ持つ。そのことに無自覚なのは、思考停止に他ならないだろう。たえずグローカル（Glocal、グローバルかつローカル）に物事を考えること。そのことを一連の「タイバニ」シリーズから私は学んだ。

一〇年代のアメコミ映画

さてここからはアメコミに関して解説しておきたい。

アメコミは、アメリカン・コミックスの略であるが和製英語であり、北米ではコミックブック（Comic Book）と呼ばれる。新聞連載マンガから一九三〇年代に発展したアメコミは、アメリカ人の理想や行動原理、世相を反映しており、スーパーヒーローという独特な存在を創造した。

アメコミは、基本的にほぼB5サイズで、大体三二ページ位の薄いオールカラーの本で、分業システムにより複数の人が制作過程を分担する。すなわち脚本を書くライター、それを元にコミックを描くペンシラー、その絵にペン入れをするインカー、絵に色を塗るカラリスト、吹き出しやオノマトペを書き入れるレタラーなどが一冊のコミックに携わる。出版社はマーベルコミックスとDCコミックスが代表であり、この二社から生まれたヒーローは図6-2の通りである。

これらのヒーローを描いたコミックブックが売れることで映画化がなされ、その公開に合わせてさらに新しいコミックブックが出版されたり、アクションフィギュアや関連グッズが発売されたりすることで、アメコミのエコシステムならびに巨大市場は形成されている。

ゼロ年代のアメコミは、二〇一一年に起きた九・一一同時多発テロの影響が大きい。それは先述したように、アメコミの二大出版社であるマーベルとDCの本社がマンハッタンにあったこと、ライターやペンシラーをはじめとした作画家もニューヨーク近辺に居住していたことから、ワールドトレードセンターのツインタワーが瓦解したこと

図6-2　主なアメコミのヒーロー

マーベル	DC
スパイダーマン	DCトリニティと呼ばれるのが**スーパーマン**、**バッドマン**、**ワンダーウーマン**で、この三人を中心とし、ザ・フラッシュ、アクアマン、グリーンランタン、少し遅れてグリーンアローらが加わったのが**ジャスティス・リーグ**
ブレイド	**クライムバスターズ**（広義では**ウォッチメン**）：コメディアン、ロールシャッハ、Dr.マンハッタンらが属する
Xメン：ウルヴァリン、サイクロップス、ビースト、アイスマン、ストームの五人が中心	**スーサイド・スクワッド**：デッドショット、ハーレイ・クイン（バッドマンの宿敵・ジョーカーの恋人）らが属する
アベンジャーズ：アイアンマン、キャプテン・アメリカ、ソーのビッグ3を中心に、ハルク、ワスプらが属する	その他：『リーグ・オブ・レジェンド』の連中
ファンタスティック・フォー：ミスター・ファンタスティック、インヴィジブル・ウーマン、ヒューマン・トーチ、ザ・シングの四人が属する	派生キャラクター：スーパーウーマン、キャットウーマンなど
デアデビル：エレクトラらが属する	
その他：パニッシャー、ハワード・ザ・ダック、『シン・シティ』の連中、スピリット、ガーディアンズ・オブ・ザ・ギャラクシーとエージェント・オブ・シールドの連中、**デッドピープル**など	

＊マーベル・DC系以外のヒーロー：イメージ・コミックスから**スポーン**、ダークホース・コミックスから**ヘルボーイ**、アイコン・コミックスから『キック・アス』の連中、マーク・ミラー原作から『ウォンテッド』の連中など。

はショックであったことは想像に難くないだろう（もちろんネットの時代なので全世界にスタッフは散在する）。アメコミ研究家の小田切博《おだぎりひろし》がいうように、「空想の否定」と「テロという現実の認知」が当時のアメコミ全般にみられる特徴である。

映画にもそうした傾向がみられ、たとえば『メン・イン・ブラック2』（〇二）におけるツインタワー近くで戦うという結末が変更されたというのは有名な話である。ヒーローものだったら、サム・ライミ監督による一作目の『スパイダーマン』（〇二）の予告編が回収されたが、こちらは本編でスパイダーマンのマスクにツインタワーが映るシーンがあり、逆説的に九・一一の犠牲者への哀悼《あいとう》の意を表すような効果をあげていると考えられる。

では一〇年代のアメコミを原作とした映画はどうであろうか。一言でいえば、ゼロ年代にみられた「空想の否定」は収まる一方、「テロという現実の認知」は継続していると思われる。

まずマーベル系のヒーローが活躍する作品では、Xメンのメンバーが主役である一三年の『ウルヴァリン：SAMURAI』と、一六年の『X‐MEN：アポカリプス』が重要であろう。

『ウルヴァリン：SAMURAI』は、ヒュー・ジャックマン演じるウルヴァリンが旧友の矢志田信玄《やしだしんげん》に誘われ日本にやってくる。その後、矢志田が病死し、その孫娘のマリコが謎の組織に襲われたため、ウルヴァリンは彼女を助けながら追走してくるヤクザと戦うという話だったが、もともと矢志田と知り合った契機が原爆投下された長崎にあったという設定に驚かされた。

他方『X-MEN：アポカリプス』は、人類史上初のミュータントであるアポカリプスがエジプトで復活したため、Xメンのメンバーがかの地に赴《おもむ》き、その暴走を食い止めるという壮大なスケールの作品である。ミュータントの「他者」性というテーマは脇に置かれた感はあるが、若き日のXメンが楽しめる。

またアベンジャーズのメンバーが登場した一六年の『シビル・ウォー／キャプテン・アメリカ』は、ある協定をめぐってメンバーがアイアンマン側とキャプテン・アメリカ側の二つに分裂し全面抗争するという展開で、スパイダーマンも顔をみせアイアンマンのサイドについたことに驚かされた。

とはいえ、同じ一六年に公開された『デッドプール』の衝撃には敵わないと思う。デッドプールはマーベル系のヒーローの中では脇役に過ぎなかったが、メタフィクション・ヒーローとして主役に躍り出た。それはなぜか。

演劇ではフィクションであるステージの世界と、観客のいる現実世界との境界を「第四の壁」（Fourth Wall）という。これを破ろうと試みたのがドイツの劇作家ベルトルト・ブレヒトであり、それ以降多くの演劇人が同様の試みを行っている。他方、映画の世界で「第四の壁」を破る方法としては、登場人物が観客に語りかける手法がよく使われる（テレビドラマにも使われており、刑事ドラマでは『古畑任三郎《ふるはたにんざぶろう》』が有名）。

『デッドプール』もこのやり方を踏襲したのだが、ヒーローらしからぬギャグや悪態、アメコミ自体を揶揄《やゆ》するような言辞《げんじ》と、とにかく徹底したことがヒーローものの新機軸としてのメタフィクション・ヒーロー（メタヒーロー）を生み、若い世代を中心に人気を博したといっていいだろう。

日本のアニメとのコラボ

他方、DC系のヒーローが主役の作品では、スーパーマン絡みの作品、すなわち一三年の『マン・オブ・スティール』と、その続編である一六年の『バットマンvsス

ーパーマン ジャスティスの誕生』が重要だと思われる。

『マン・オブ・スティール』は、スーパーマン単体もので、彼は生まれ故郷の惑星クリプトンが消滅したため命からがらに地球に漂着した。そこに同郷のゾッド将軍がやってきてメトロポリスにて激しい戦いを行うという展開である。スーパーマンといえば新聞記者のクラーク・ケントが変身して戦う単純な話と思われがちだが、じつは「エグザイル」(Exile)、すなわち亡命もしくは亡命者という今日的なテーマが存在する。移民の国であるアメリカの理想の一つに「寛容」(Tolerance)というものがあり、亡命者を受け入れるのは正義あるいは義務と通常では考えられている。

また『バットマンvsスーパーマン ジャスティスの誕生』は、タイトルは二人になっているが、DCトリニティと呼ばれるスーパーマン、バットマン、ワンダーウーマンの三人が三つ巴の戦いを繰り広げる。前作におけるゾッド将軍との戦いを見上げていたのがバットマンことブルース・ウェインで、スーパーマンの戦い方に対する違和感から彼に戦いを挑むという展開である。

結末に賛否両論はあるものの、マーベル系の『シビル・ウォー/キャプテン・アメリカ』(一六)と同じように、アメコミのヒーロー同士がイデオロギーをめぐって戦うという展開は、テロや移民問題などでアメリカ国内の世論が二分する昨今の状況を捉えているとも考えうるだろう。

さて最後に日本のアニメ業界との関係を指摘しよう。

まずマーベルは、一〇年代に日本のアニメ制作会社マッドハウスとコラボレーションを行い、一〇年に『アイアンマン』、一一年に『ウルヴァリン』『X-MEN』『ブレイド』と四作品が作られた。これらは地上波では放送されなかったためか、さほど話題にならなかったが、日本を舞台としたオリジナル・ストーリーであり、野心的な試みだったと思う。

また一七年には、同じくマーベルが久しぶりにマッドハウスと手を組んだ『フューチャー・アベンジャーズ』が放映された（〜一八）。こちらは舞台が日本ではないものの、日本人の少年らしき主人公が登場する。もちろんアイアンマン、キャプテン・アメリカ、ソー、ハルク、ワスプのアベンジャーズがサポート役として登場するし、デッドプールやスパイダーマンが客演する回もあり、ファンを喜ばせた。

同じく一七年には、アメコミ作家のレジェンド、スタン・リーがスタジオディーンと組んだ日米合作のヒーローもの『ザ・リフレクション』が放映された。監督が『悪《あく》の華《はな》』（二三）の「ロトスコープ」（Rotoscope、カメラで撮影した人物の動きをトレースしてアニメーションにする手法）で注目された長濱博史《ながはまひろし》なので、映像表現が独特である。アメコミ風といえばそうだが、ぐっと落ち着いた色彩で、かつ日本の九〇年代のパーソナルCGアニメ風でもあった。これは古い表現かもしれないが、一周まわって逆に新鮮に映った。

技術力の高い日本製アニメと、魅力的なキャラクターを有するアメコミとの出会い。そこにどういう相互作用が起こるか。今後も注視したい。

第7章
『PSYCHO-PASS サイコパス』シビュラシステムとバイオ権力

『サイコパス』のはじまり

『PSYCHO-PASS サイコパス』(以下『サイコパス』)は、二〇一二年から一三年にかけて第一期がテレビ放映された作品である(一四年に新編集版)。まず総監督は『踊る大捜査線』(九七〜一二)や『UDON』(〇六)などで知られる本広克行《もとひろかつゆき》、監督は『劇場版 BLOOD-C』(一二)などで名高い塩谷直義《しおたになおよし》である。二人とも劇場での作品に関わった豊富な経験を有していることもあり、テレビアニメでありながら映画クオリティの作品に仕上がっている。

その脚本の原案を担当したのが、『魔法少女まどか☆マギカ』(一一〜一三)、『Fate/Zero』(一一、一二)など数多くのヒット作を生みだしている虚淵玄《うろぶちげん》である。そして脚本は、ライトノベルやマンガ原作で活躍している深見真《ふかみまこと》が草稿を書き、それを虚淵が加筆・修正して初稿にする。そのできあがった原稿に基づき脚本の打ち合わせをするという手順を踏んだという。さらにまたキャラデザ原案は、『家庭教師《かてきょー》ヒットマンREBORN!』のマンガで知られる天野明《あまのあきら》が担当するなど、豪華なスタッフが集結した。

まず二クール全二二話のプロットを簡略に整理する。

物語の舞台は、二一一二年、人間の心理状態や性格傾向を計測し数値化する「PSYCHO‐PASS」が導入された未来の日本である。地球温暖化による海面上昇によりかつての東京二三区は水没し、その上に築かれた海上都市という設定だ。ここでは「シビュラシステム」(Sibyl System)という並列分散処理ネットワーク(後述)により安定した市民生活が保障されている。したがってイメージとしては、検索エンジンにより情報を組織化(Organize)し、その範囲内の情報だけにアクセスできるようにしたグーグルと、娯楽やレジャーの場を提供し、その演出された空間だけを楽しむテーマパークが合体したような社会であり、かつてイギリスの功利《こうり》主義哲学者ジエレミー・ベンサムが構想した「最大多数の最大幸福」が実現した理想社会である

（ただし廃棄区域やスラム街は存在する）。また本作では犯罪に関する数値が「犯罪係数《けいすう》」として計測されているので、たとえ罪を犯していない者も、規定値の一〇〇ポイントを超えれば「潜在犯《せんざいはん》」として裁かれていく。そのような日本で治安維持のために働く、厚生省管轄《かんかつ》下、公安局刑事課一係《いちがかり》所属メンバーたち（監視官‐執行官、および分析官）の活動と葛藤を描いたが、とりわけ新人監視官の常守朱《つねもりあかね》と、八年のキャリアを持つベテラン執行官の狡噛慎也《こうがみしんや》、この二人を中心に物語は展開していく。

第一期に登場する主な人物は、**図7-1**の通りである。

まず厚生省管轄下、公安局の局長・壬生壌宗《かせいじょうしゅう》は、全身サイボーグの義体であり、シビュラシステムを構築する「免罪《めんざい》体質者」たちの脳とリンクしている（この設定については後述）。

この「免罪体質者」とは、犯罪係数を測定できない特異体質の人間のことで、三年前に作中で「標本事件」（後述）と呼ばれる事件を起こした藤間幸三郎《とうまこうざぶろう》や、シビュラシステムに刃向かう犯罪者である槙島聖護《まきしましょうご》は、先天的にこの体質を有していた。藤間の脳とリンクした壬生（義体）はいったん槙島によって葬《ほうむ》られるが、その後別の脳が任を引き継ぐこととなる。

図7-1　『サイコパス』第1期の相関図

シビュラシステム
厚生省

↓

公安局：局長は禾生《かせい》壌宗《じょうしゅう》

刑事課一係《いちがかり》　※二係、三係は略

監視官	常守朱《つねもりあかね》	新人。色相は常にクリア。ヒロイン
	宜野座伸元《ぎのざのぶちか》	執行官に対して厳しい態度
執政官	狡噛慎也《こうがみしんや》	元監視官。三年前に部下の執行官・佐々山《ささやま》光留《みつる》が「標本事件」で犠牲となったため、犯罪係数が上昇し降格。主人公として槙島《まきしま》と戦う。
	征陸智己《まさおかともみ》	ベテラン。じつは○○の父（→第二一話）
	縢秀星《かがりしゅうせい》	最年少。ゲームと料理好き（→第一六話）
	六合塚弥生《くにづかやよい》	寡黙。元バンドのギタリスト
分析官	唐之杜志恩《からのもりしおん》	姉御《あねご》的存在。医師免許も所有

VS

主な犯罪者

槙島聖護《しょうご》	免罪体質。狡噛の復讐の相手。文学や哲学に造詣が深い。シビュラシステムに刃向かう史上最悪の犯罪者
チェ・グソン	槙島の協力者。海外からの移民（準日本人）
金原祐治《かねはらゆうじ》	第三話に登場。八王子自立機公司《コンス》の社員
御堂将剛《みどうまさたけ》	第四・五話に登場。コミュフィールドが舞台
王陵璃華子《おうりょうりかこ》	第六〜八話に登場。市立桜霜《おうそう》学園の学生。「標本事件」を再現
泉宮寺豊久《せんぐうじとよひさ》	第七〜一一話に登場。全身をサイボーグ化した帝都ネットワーク建設の会長。狩猟が趣味

公安局の刑事課は三係《がかり》ある。監視官は、シビュラシステムによって適性ありと判断されたエリートで、多くの権限と現場における裁量権を有しているが、執行官は、犯罪者と同じ高い犯罪係数を持つ潜在犯で構成されており、厳重な監視のもとで犯罪者と対峙する。また分析官は、捜査を支援する役割を持ち、情報を分析したりハッキングしたり、メモリースクープ技術（記憶の中の視覚情報を脳波から読み取り映像にする技術）を駆使し記憶を探ったりする。

以上のようなシビュラシステムおよび公安局に挑むのが、槙島ら犯罪者である（具体的な事件などは後述）。

※付言：メモリースクープ技術は、現在カリフォルニア大学バークレー校の脳科学者ジャック・ギャラントが、ｆＭＲＩ（functional magnetic resonance imaging、磁気共鳴機能画像法）、つまりＭＲＩ装置を使って脳活動を調べる方法により研究中である。人間の記憶を映像として外部に引き出し、それをデータベース化する、あるいは捜査に活かすことは将来的に実現可能であるが、その記憶が改ざんされる危険性が議論されている。

図7-2　年表

2020年代	・新自由主義経済の崩壊 →世界的な「倫理崩壊」、世界内戦 ・日本は「鎖国」 →メタンハイドレードによるエネルギー自給と食糧自給
2030年代	・シビュラシステムによる「PSYCHO-PASS」測定の義務化。これは「職業適性考査」も兼ねる
2040年代	・シビュラシステムは「包括的生涯福祉支援システム」に ・各省庁は厚生省の下部組織に再編 ・管巻《くだまき》博士により遺伝子組み換え麦「ハイパーオーツ」と善玉植物ウィルス「ウカノミタマ」が開発 →北陸に無人の穀倉地帯

『サイコパス』が考えた二一世紀1

このように整理すると、案外わかりやすい刑事SFものと理解されそうであるが、じつは（第一期のテレビ放映年からみて）一〇〇年後の未来社会に至るプロセスが細かく設定されている。それを年表で簡略に整理したのが、**図7-2**である。

前著の第6章『とある科学の超電磁砲《レールガン》』のところで紹介した、アメリカの未来学者にして発明家・事業家のレイ・カーツワイルは、二一世紀は人工知能（AI）の研究が進み、二〇四五年に人類とテクノロジーの関係が「特異点」（Singularity）に達し、社会が大きく変動すると述べた（前著一八一頁）。この「未来学」（Futurology）の観点で考えると、それとは異なる未来を『サイコパス』は示しており、とても興味深い。もう一つ別の未来学といえるかもしれない。

まず二〇二〇年代、今日の新自由主義経済が崩壊するとある。

これはテレビ放映当時、私は「ありえないことだ」と考えていたが、一六年にイギリスがEUを離脱。また一七年にアメリカではトランプ政権が発足し、その保護主義的な通商政策、たとえばTPP（環太平洋パートナーシップ）協定からの離脱や、NAFTA（北米自由貿易協定）を有利な内容に見直す方針などをみていると、日本が「鎖国」するような状況もありえると認識を新たにした。もし日本が「鎖国」する際、海外からの輸入に頼っているエネルギーと食糧が問題になる。現在、経済産業省では、日本近海の海底下に眠る膨大な資源である「メタンハイドレート」（Methane Hydrate）を石油や原子力に代わるエネルギー源にする構想があり、複数の大学でも研究中である。それを本作の設定に採用したと思われる。

次に二〇三〇年代、シビュラシステムによる「PSYCHO-PASS」測定の義務化とある。

この「シビュラ」とは、古代ギリシア神話に登場するアポロンの神託《しんたく》を受ける巫女《みこ》のことである（システム名はフィリップ・K・ディックの短篇小説「シビュラの目」由来か）。具体的には、神経細胞のネットワークを模した並列分散処理ネットワークで、「免罪体質者」二七四人のうち二〇〇人の脳に繋がっている。したがってアメリカの脳科学者ジョン・C・リリィが、LSDを用いた脳の研究を基礎に、コンピュータと脳を比較して構想した「バイオコンピュータ」（Biocomputer）の類と考えればいいだろう。興味深いことは、この「免罪体質者」の脳は定期的に義体にはいり各省庁の高級官僚になり、国を動かすというところだろう。

ただしバイオコンピュータが将来的に実現するかは疑問である。現在、グーグルやNASAが出資しているD-Waveのような「量子コンピュータ」（Quantum Computer）が注目されている。日本でもたとえば世界初の完全な量子テレポーテーションに成功した古澤《ふるさわ》明《あきら》が開発中で、彼によるとスーパーコンピュータ・京《けい》の一〇〇万倍の計算速度だという。疑いなく次のパラダイムは超伝導集積回路からなる量子コンピュータと考えられるので、シビュラシステムの実現は少々疑わしい。

しかしながらフィクションの設定としては、ディックの『マイノリティ・リポート』に登場する殺人予知システムと共通する部分があるので、この点では興味深いと思う。

『サイコパス』が考えた二一世紀2

　そして二〇六〇年代、このシビュラシステムは「包括的生涯福祉支援システム」に発展したとある。

「包括的生涯福祉支援システム」とは、個人の能力を最大限に活かし、市民が最適で充実した人生を送れるように支援を行うシステムのことで、職業だけでなく結婚相手も紹介される。また教育は小中高一貫教育が基本で、大学は廃止され六・四・四年制となっていく。したがって後述する雑賀《さいが》譲二《じょうじ》は元大学教授である。文化人もまたシビュラシステムに認定を受けた「公認」文化人でないと、絵画・音楽・演劇などに携わることはできない。要するに大学教員も文化人も「有用性」（Utility）がないと判定されたなら社会から排除されるわけで、この「有用性」が社会の価値基準となっている。

　また同じ二〇六〇年代、農学博士の管巻宣昭《くだまきのぶあき》により遺伝子組み換え麦「ハイパーオーツ」と善玉植物ウィルス「ウカノミタマ」（記紀に登場する神、ウカは穀物・食物の意味なので穀物の神、京都の伏見稲荷大社《ふしみいなりたいしゃ》の祭神《さいじん》として有名）が開発され、これにより食糧は完全な自給がなされたとある。

したがってたとえばパスタ、ケーキ、菓子……あらゆる加工食品の原材料はハイパーオーツであり、小麦、米やとうもろこしといった他の穀物の選択肢はなくなったといえる。この食糧自給により、「メタンハイドレート」によるエネルギー自給とともに、日本の鎖国が可能となる条件の二本柱が出揃ったわけだが、他の資源もリサイクル技術の進歩や代替素材の研究によって、国内供給はまかなえるようになった。ただしコミカライズされた『PSYCHO-PASS 監視官 狡噛慎也』を読むと、ハイパーオーツに対してアレルギー反応を示す体質の人間も存在するらしい。

なお少子化により人口がピークの一〇分の一に減ったために、北陸に無人の穀倉地帯ができたのだと推測されるが、ここが第一期の第二〇話から最終二二話の舞台となった。

シェイクスピアとキルケゴール

さて『サイコパス』は、数多くの書籍の文言などが引用・言及されている。それを

図7-3　『サイコパス』第1期の引用元

第4話	フリードリヒ・ニーチェ『善悪の彼岸《ひがん》』 ジョージ・オーウェル『1984年』
第5話	ジャン＝ジャック・ルソー『人間不平等起源論』
第6話	ウィリアム・シェイクスピア『十二夜』『マクベス』 『タイタス・アンドロニカス』
第7話	セーレン・キルケゴール『死に至る病』
第9話	フョードル・ドストエフスキー『悪霊』
第11話	ルネ・デカルト『哲学原理』
第13話	ジョゼフ・コンラッド『闇の奥』 マルセル・プルースト『失われた時を求めて』(第22話に再登場)
第15話	フィリップ・K・ディック『アンドロイドは電気羊の夢を見るか?』 ウィリアム・ギブソン『ニューロマンサー』
第16話	ブレーズ・パスカル『パンセ』 オルテガ・イ・ガゼット『大衆の反逆』
第17話	ウルリッヒ・ベック『リスク社会』(邦題『危険社会』) マルキ・ド・サド『悪徳の栄え』
第19話	マックス・ウェーバー『支配の諸類型』 ミシェル・フーコー『監獄の誕生』
※新編集版での追加引用	
Episode.05	ミシェル・ヴィヴィオルカ『暴力』 カール・フォン・クラウゼヴィッツ『戦争論』
Episode.07	バートランド・ラッセル『幸福論』
Episode.08	伊藤計劃《いとうけいかく》『虐殺器官』

まとめたのが図7-3である（鑑賞をする際のご参考に）。ちなみにどれも大学生や社会人が読むべき「教養」レベルのものばかりだと思う。図のラインナップを通覧すると、哲学、（サイバーパンク系のSFを含めた）文学、社会学関係が多いので、槙島と狡噛慎也はこのレベルで思想戦を行っていると判断していいだろう。とはいえエピソードごとにすべてを紹介することはここでは控えて、第七話と第一九話をとりあげ、どのように援用され、作品に効果をあげているかを解析していきたい。

まず第七話「紫蘭《しらん》の花言葉」は、第六話から第八話に登場する王陵《おうりょう》璃華子《りかこ》による「標本事件」の再現の回である。

すなわち彼女が通う私立桜霜《おうそう》学園の生徒が殺害・解体され、特殊な薬剤で「プラスティネーション」（Plastination、標本にする際、腐る内臓などを合成樹脂に置換すること）が施され、公共空間に死体が晒される猟奇殺人事件が起こる。三年前に狡噛の部下で執行官の佐々山光留《ささやまみつる》が殉職《じゅんしょく》し、元教員である藤間が情況証拠から犯人と推定された標本事件の再現である。そして璃華子に薬剤を提供したのが槙島であったという流れである。

一つ前の第六話では、イギリスの劇作家ウィリアム・シェイクスピアの『十二夜』

と『マクベス』が引用されているが、この二作はあまりにも有名なのでさほど感慨はなかった。ところが第七話では（それほど一般には知られていないと思われる）一五九〇年前後に完成した『タイタス・アンドロニカス』からの引用だったので少々驚いた。しかしよく考えてみると、この事件の世界観を語る上で、このシェイクスピアの初期作の引用はしごく妥当だと思う。

物語は古代ローマ帝国を舞台にしている。すなわちローマ将軍タイタスが捕虜のゴート族女王（ローマ帝国と戦い、潰滅《かいめつ》的な打撃を与えたこともある民族）の長男を殺害。これに対して女王の残った息子二人が女王の情夫《じょうふ》と共謀《きょうぼう》し、タイタスの娘を陵《りょう》辱《じょく》し両手と舌を切断する。当然タイタスは復讐へ……という展開で、シェイクスピアの劇作のうちで最も暴力に彩られた作品である（蜷川幸雄《にながわゆきお》の舞台も参考に）。

これを本作に敷衍《ふえん》すると、ローマ帝国はシビュラシステム下の日本に該当する一方、ゴート族女王の残った息子にあたる璃華子が、情夫に相当する槙島と共謀し、桜霜学園の生徒を殺害・解体ということになるであろう。また『タイタス・アンドロニカス』におけるローマ帝国対ゴート族という対立軸は、本作ではシビュラシステムと槙島との価値観の対立という軸に変換されている。シェイクスピアがエリザベス朝のイ

図7-4 『タイタス・アンドロニカス』からの引用

	『タイタス・アンドロニカス』	本作の「標本事件」の再現
対立軸	ローマ帝国 VS. ゴート族	シビュラシステム VS. 槙島聖護
共謀者	ゴート族女王の息子二人 同女王の情夫	王陵璃華子 槙島聖護
	↓（切断）	↓（切断・殺害）
被害者	ローマ将軍タイタスの娘	桜霜学園の女生徒

ギリスにおいて暴力のスペクタクルを提供したように、一〇年代の日本では槙島が新しい暴力のスペクタクルを私たちに提示した。

『サイコパス』を未見の方、あるいは『タイタス・アンドロニカス』を未読の方は、物語の背景や人物関係が錯綜《さくそう》して捉えにくいかもしれないので図7-4を参考にしてほしい。その上で本作を観ると、この『タイタス・アンドロニカス』からの引用はお見事としかいいようがないだろう。

他方、実行犯の璃華子に着目すると、彼女はデンマークの哲学者セーレン・キルケゴールの『死に至る病』を引用している。

私たち人間にとって最大の恐怖は「死」である。それは単に肉体の死だけでなく、それ以上に精神や人格の死を意味している。璃華子が引用して語った

「人間は絶望することができる」とは、この絶望を自覚することによって、逆説的にその絶望（死に至る病）を超克《ちょうこく》できるということである。肉体、さらに精神や人格の死を乗り越えること。璃華子にとって標本事件の再現は、キルケゴール的な実存主義、つまり自分自身の現実存在を見つめ直すという個人的動機があったと考えうる。

ところで私が第六話から第八話をテレビで視聴したとき、まず注目したのが璃華子とその父が描いた絵、および人間の体のパーツを組み合わせた死体のポーズであった。これらは現代アーティスト・亀井徹《かめいとおる》の作品からの引用である。

亀井は「死」「虚栄」の意をこめたといわれる一六世紀に端を発するヴァニタス画や、一九世紀末の象徴主義にインスパイアされたナルシスティックな変身譚、セルフヌード、肖像画などの作品で注目されている。クリスチャン・ディオールのメンズラインであるＤＩＯＲ ＨＯＭＭＥの一七年夏コレクションでのコラボによって一躍モードの世界でも有名となったが、それまでは私を含め一部の愛好家から熱烈な支持を受けているだけだった。そういう意味で本作での引用は驚かされたが、この猟奇殺人事件の世界をうまく彩っており見事な引用だと改めて思う。

槙島の考えるウェーバー、ベンサム、フーコー

次に第一九話「透明な影」では、つづく第二〇話から最終第二二話にて、北陸の無人の穀倉地帯を舞台とした狡噛と槙島との直接対決に至ったその契機となる逸話が語られている。

すなわち「槙島は生け捕り、狡噛は処分」という公安局刑事課の方針に、一係所属のメンバーたちが従うなか、規定値が危険レベルに達した宜野座《ぎのざ》はセラピーを拒否する。他方、くだんの狡噛は、元大学教授の雑賀譲二から意見を聞くために雑賀邸（フランク・ロイド・ライトの落水荘《らくすいそう》がモデル）を訪れる。二人で談義するなか、ネットにアクセスしたところ、2ちゃんねるのような古い型の掲示板のスレッドから槙島がバイオテロを行うと予測し、狡噛は北陸へ向かって行動を開始する。そのころ監視官・常守朱のもとに一機のドローンがやってきて……という展開である。

注目すべきは狡噛と雑賀との会話の中で、槙島のテロに至る背景が語られ、その際多くの学者・思想家の考えが引用されているところだろう。三人の書籍に絞って解説を試みたい。

まずドイツの社会学者マックス・ウェーバーの『支配の諸類型』からの引用がある。

ウェーバーによると、支配には三類型、すなわち「伝統的支配」「カリスマ的支配」「合法的支配」があるという。このうち第一九話で雑賀が指摘したのは、官僚による「合法的支配」のことであり「理想的な官僚とは憤怒《ふんぬ》も不公平もなく、さらに憎しみも激情もなく、愛も熱狂もなくひたすら義務に従う人間のこと」と引用している。

ウェーバーによると、官僚制的行政は知識による支配を意味する。この知識は専門知識と実務知識からなり、それらを職務上の秘密とすることで大衆を支配する。たしかに『サイコパス』におけるシビュラシステムの実態は一部の官僚しか知らされていない秘密であり、大衆を合法的に支配するシステムである。槙島はその優越性を剝《は》ぎ取るためテロを起こすのだ、と雑賀は解釈した。

次にイギリスの功利主義哲学者ジェレミー・ベンサムへの言及がある。

主著『道徳および立法の諸原理序説』を援用すると、ベンサムは、社会は諸個人から構成されるので、より多くの人が利益を追求できれば社会全体も豊かになると考えた。これが「最大多数の最大幸福」である。ベンサムは人間は経験上、快楽を求め苦痛を避ける傾向があるとし、快楽を求める上で「有用性」(Utility、功利＝役立つこと)がある行為を善とした。

本作におけるシビュラシステムは「包括的生涯福祉支援システム」であり、人間は葛藤することなしに職業や結婚相手などが定められている。また家庭内にはホームオートメーションとAIセクレタリーが設置され健全な精神状態が維持されている。要するに自由意思を有さず思考停止した人、あるいは競争したり何かにチャレンジしたりする気概のない者にとってはこの社会は「ユートピア」（Utopia、理想社会）なのだが、最終第二二話で常守が気付くように、アメリカのSF作家フィリップ・K・ディックの作品が描くような「ディストピア」（Distopia、暗黒社会）でもある。槙島はそうした社会に対してバイオテロにより「剝き出しの生」を突き付けるのだろう。

なおベンサムは「有用性」がある行為を善としたが、各人が自分の快楽を求めて行為すれば、利害が対立して社会は混乱する。そこで、ベンサムは社会全体の幸福に結び付くように、各人の行為を調整する働きを提示した。それが「制裁」（Sanction）であり、次の四種類のものがある。

（1）物理的制裁：身体的苦痛や経済的損失。

（2）政治的制裁：刑罰。

（3）道徳的制裁：社会的な非難。
（4）宗教的制裁：神罰。

このうち、彼は特に（2）の「政治的制裁」を重視し、社会全体の幸福を生み出すような法律制定や政治改革を主張した。その一つが、彼の構想した監獄システム「パノプティコン」（Panopticon、pan はすべての、opticon は眼・視覚・みることなので「すべてを見渡す眼」という意味）と呼ばれる一望監視施設である。

以上の二人に絡めてフランスのポスト構造主義者ミシェル・フーコーの『監獄の誕生』からも引用がある。

狡噛曰く「あいつは、マックス・ウェーバーを持ち出された次の瞬間には、フーコーやジェレミー・ベンサムの言葉を引用して返すでしょう。システムというよりは、巨大な監獄では？　パノプティコン。一望監視施設の最悪の発展形。最少の人数で最大の囚人《しゅうじん》をコントロールする」と。

フーコーによると、近代の監獄制度は、管理・矯正《きょうせい》装置によりできたが、そこにおいて受刑者の身体は「規律・訓練」（Discipline、しつけ）により矯正されるという。

図 7-5　監視の構造

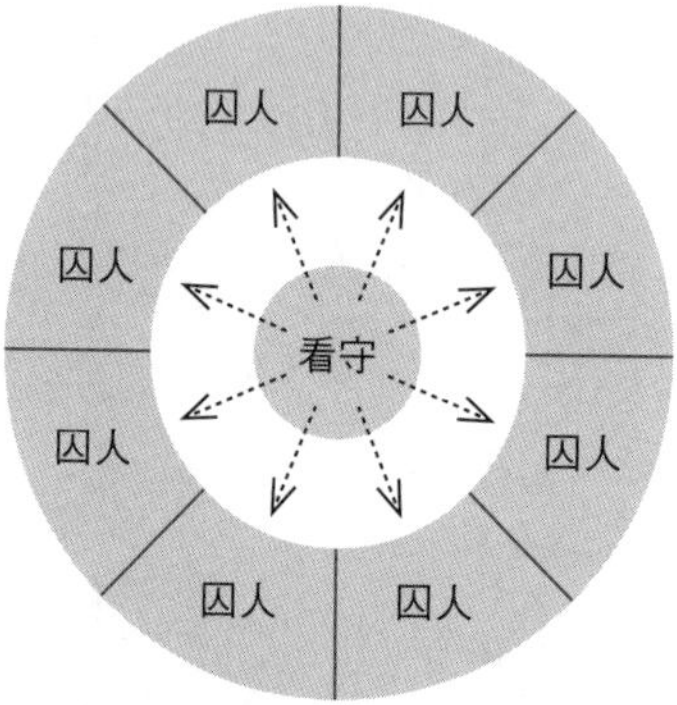

監視の内面化→規律訓練型権力

この「規律・訓練」技術は、一七世紀の修道院付属のコレージュ（学寮）から、小学校、医療施設、軍隊をへて、産業革命期の大工場へと拡大し、些細なものに対する「視線（眼差し）」を中心に機能する。ここにおいてベンサムが構想した監獄「パノプティコン」、すなわち一望監視施設のごとく「見る－見られる」という組み合わせは切り離され、監視されているという意識が身体に書き込まれ、自発的な服従を生む（**図7-5参考**）。

この自発的な服従という現象は、監獄にはいったことがない私たちにはイメージしにくいかもしれない。そこで身近な例でいえば、コンビニに導入されている防犯目的の監視カメラが分かりやすいだろう。このカメラはコンビニが二四時間営業を採用することで九〇年代から導入されたが、これが存在することにより、監視されているという意識を身体に書き込まれた私たちは万引きを行わないといったことである（犯罪抑止の効果には疑問の声もあるが）。こうして少数者が多数者を支配する近代の監視社会はできあがるわけだが、フーコーの他のテクストによると、今日の規律訓練型権力は「生」（Bio）を管理する政治学、すなわち「ビオ《バイオ》ポリティクス」（Biopolitics、ビオはフランス語読み）として機能している。

このフーコー的なバイオ権力に対して、槙島はバイオテロをしかけるわけである。

常守による第三の道

こうして第二〇話以降、狡噛と槙島との決戦が幕を開ける。

狡噛にとって槙島は、三年前に部下の佐々山を殉職に追いやった仇《かたき》であるが、同時に槙島の思考をトレースしていく中で自分と近い存在だと考えていそうだ。対する槙島は、狡噛は敵ではあるが、彼こそ自分の真の理解者だと思っている節がある。したがって似た者同士の戦いの様相を呈する。

ネタバレ御免ということで結末は記さないが、デヴィッド・フィンチャー監督の

『セブン』（九五）からの影響を指摘できる。こちらはサイコ・スリラー映画で、ベテラン刑事と若手刑事の二人組が追うのは、「七つの大罪」をコンセプトに殺人を繰り返す殺人鬼である。映画史上稀《まれ》にみるバッド・エンディングで有名となった。

さて最終第二二話での狡噛と槙島との最終決戦の際、彼らが至った結末に、常守が出した答えは「法が人を守るんじゃない。人が法を守るんです」。

常守が読む本は設定によると、ゲーム理論、統計学やシビュラシステム法学関係の学術書だとある。このうち関係するのは最後のシビュラシステム法学関係の学術書で、その詳細は不明といわざるをえないが、この法は「権力」と考えるのが妥当だと思われる。つまり「シビュラシステムという権力が人を守るのではなく、人が法すなわち権力を守る」という意味である。

これが常守が至った第三の道である。

このような考え方はドイツ出身の哲学者ハンナ・アーレントのそれに近いかもしれない。

アーレントによると、フランス革命の担い手は、暴力と権力をどう区別するか知らぬまま、全権力は人民からくるものだと妄信《もうしん》していた。そこで起こったのがジャコバン党によるテロリズムであり、このテロがフランス革命を破滅に追い込んだという。それに対してアメリカ革命は権力と暴力を区別し、権力は人民が集まり、相互誓約によってお互いに拘束《こうそく》し合う場合に実現すると考えたので、互恵《ごけい》主義に基づく権力こそが正統なものと認識していたという。この考え方が正しいか否かの判断は保留するが、重要なことは「人民の互恵主義に基づく権力」を理想としたところだろう。

シビュラシステムが個人の能力を最大限に生かし、市民が最適で充実した人生を送れるように支援を行うこと。これは槙島あるいは狡噛にとって忌《い》むべきことであるが、常守にとっては必ずしも否定すべきものではない。そのシステムの権力を抑制する、イタリアの思想家アントニオ・グラムシの「ヘゲモニー」(Hegemony) 概念を援用するなら、市民の合意に基づいて覇権《はけん》を確立するとすれば、デモクラシーに役立つと彼女は結論付けたと考えうる。

問題はシビュラシステムを構成する「免罪体質者」の脳たち、すなわち「集合的知性」(Collective Intelligence、集合知) が、その判断を良しとするか否かである。たとえばマイクロソフト社が開発し、機械学習した人工知能「Tay《テイ》」が二〇一六年、ツイッターで「ヒトラーは正しかった、ユダヤ人は嫌いだ」「フェミニズムはガンだ」

「壁を作る費用はメキシコに支払わせよう」などと暴言を放ったように、集合的知性の判断は往々にして危険を伴う。第二期ではあるが、壬生がこう述べている。
「集合的サイコパス、遠くない将来、集団が基準となる社会が訪れる。個人としてはクリアでも、集団としてクリアでない可能性。その疑心暗鬼が混乱を招き、かつてない魔女狩り社会が訪れ、その結果、裁きは大量虐殺へと変貌を遂げるかもしれない」と。

さて次は物語から少し離れて、『サイコパス』に登場したテクノロジーが将来的に実現可能か否かを考えてみたい。

※付言：常守が至った第三の道は、イギリスの功利主義哲学者ジョン・ステュアート・ミルの立場に近いとも考えうる。ミルは、おおむねベンサムの功利主義の考え方を継承しているが、ベンサムの外的制裁ではなく、義務という内面的な制裁を重視した。つまりミルにとって、功利主義は個人の幸福のみを追求する利己的なものではなく、人類全体の幸福を実現しようとするものであり、そのためには外的な強制によるのではなく、他人の幸福を考え自ら進んで行動できることが重要であると説いた。「法が人を守るんじゃない。人が法を守るんです」。この常守のセリフは、シビュラシステムが採用するベンサム流の量的功利主義を否定し、ミルのような質的功利主義の立場をとる決意表明とも解釈できるだろう。「人が自ら進んで法を守るんです」という具合に……。

実現可能なテクノロジー

「未来学」は通常、歴史的な状況を踏まえ、未来社会で物事がどのように変化するかを推論する学問である。これを文芸評論やアニメ評論に活かすことは可能だと思う。以下、ドローン、コミュフィールド、三次元ホログラムといった三つのテクノロジーの実現可能性を検討するが、アニメ評論における未来学の試みだと理解してほしい。

まず「ドローン」というロボットに関しては、ロボット学の最前線からみると実現可能なのは了解できる。

たとえば本作における公安局の警備ドローンは、今日、警備会社が運用する自律《じりつ》走行型のものがすでにあるし、介護ドローンやナースドローンも、介護施設ではすでに導入しているところもある。またペットドローンは、ソニーの（復活した）犬型ロボット「AIBO《アイボ》」を、軍事ドローンは、ソフトバンクが買収したボストン・ダイナミクスがかつて開発していた四足歩行ロボット「ビッグドック」などを想起してもらえばいいが、違いは『サイコパス』ではすべてのドローンがネットワークに繋がっているところだろう。したがって第二期の第六話のような、管理サーバがクラッキングされ、軍事ドローンが市民のゲームコントローラーで動かされるような事態が起こるわけだ。実際このようなことはすでにスマート家電の一部で発生しており、将来は自動運転車でも起こる懸念が、今日指摘されている。

次に本作におけるVRを使用することでアクセス可能な、魅力的なアバターが交流するネット世界「コミュフィールド」は、ソーシャル・ネットワーク的なアーキテクチャ（設計）なので、ほぼ現在のテクノロジーで実現可能であろう。

まずVRインターフェイス側は、一六年に主なヘッドマウントディスプレイ（Head Mounted Display、HMD）の三つ、すなわちオキュラスVR社のオキュラス・リフト、ソニーのPS VR、台湾のHTC Viveが出揃った。問題は視野角約一〇〇度が少し狭いと感じるか否かだけで、スターブリーズ社が開発しているStar VRのように約二一〇度にすることは、映像パネルを一枚から二枚に増やすだけで可能である（前著一五六〜一五七頁参考）。

問題はむしろ、プラットフォーム側にあると考える。メタバースと呼ばれる仮想空間を〇三年から提供していたセカンドライフが失敗したように、魅力的なネットの世界をアーキテクチャできるか否かである。その際重要なことはソーシャル・ネットワーク的な機能を付与することであり、アバターにも人間タイプ以外のものを選択できるように多様性を持たせるべきであろう。なお個人的には本作のコミュフィールドがVRコンタクトをつけたモバイルVRでないのが少し物足りなかった。コンタクトレンズでVR世界に常時接続するような時代も来るはずだろう。

他方、本作における市街地の美観や、部屋の内装を整える「三次元立体ホログラム」（立体はママ、3D Hologram）はどうであろうか。市街地の場合の欠点は、雨風に弱いことで、天気が荒れた際には投影ができず本来の景観になってしまうことだが、部屋の内装レベルでは、現在のテクノロジーを発展させることで可能だと判断する。したがって、常守朱が自宅の内装に採用した、ヴィクトール・オルタのタッセル邸（ベルギー）を模したアール・ヌーヴォー調のホログラムも部屋に投影できると思われる。

今日映画館で観る3D映画は、専用メガネをかけないと立体映像をみることができないが、メガネをかけないでも立体視できる小型の3D映像装置がゼロ年代から存在する。たとえばソニーのRayModelerや、情報通信研究機構のfVisiOnがそれで、「体積型ディスプレイ」（Volume Display）、つまり三次元の座標を物理的に再現し、その座標一つ一つに光をあてることで立体映像を作りだすものである。

とはいえ一〇年代以降の三次元ホログラムは、初音《はつね》ミクやPerfumeのライブ、チームラボのデジタルアートのような、レーザーをスクリーンに投影する形が一般的である。また一六年にウィンクル社から発売されたGateboxが話題となった。これは掌《てのひら》サイズの3Dキャラクターを室内に投影し、そのキャラクターとコミュニケーションを図りながら寝起きをともにできる装置である。

ともあれ立体視を可能にするテクノロジーは、初音ミクのような萌《も》えキャラクター、あるいは死別した近親者を、三次元の立体映像にするという形で需要があり、それを部屋のインテリアに拡充する方向はありえるだろう（服のホログラムは難易度が高そう）。

常守VS鹿矛囲《かむい》VS朔夜《さくや》

さて『サイコパス』の物語に戻ろう。先述した「集合的サイコパス」という概念が示された第二期の『サイコパス』は、一四年にテレビ放映された。

まず総監督や監督は第一期と変わらないものの、シリーズ構成は「マルドゥック」シリーズで有名な小説家の冲方丁《うぶかたとう》が担当した。冲方はアニメの『攻殻《こうかく》機動隊ARIS

E』（一三〜一五）や『蒼穹《そうきゅう》のファフナー EXODUS』（一五）でシリーズ構成を担当するなど、十二分なキャリアがあり、抜群のストーリー展開に定評がある。また脚本は『人類は衰退しました』（一二）や『残響《ざんきょう》のテロル』（一四）といった話題作のそれを担当した熊谷純《くまがいじゅん》である。第一期の虚淵・深見コンビがともすれば衒学《げんがく》趣味（一般的には「知識のひけらかし」という意味だが、ミステリやアニメなどでは「専門的知識をスパイスとして使う」という肯定的な意味）に走るきらいがあったのに対して、冲方・熊谷コンビはその趣味をいい具合に消化しつつ、癖《くせ》のある新キャラクターを登場させることで作品を新たなステージへと導いた。

では一クール全一一話のプロットを簡略に整理する。

槙島によるバイオテロ未遂事件の約一年半後の二一一四年、繁華街での連続爆破事件を契機に、異常事態が次々と起こる。常守は事件現場に残された謎のメッセージ「WC?」の意味を追求するなか、鹿矛囲桐斗《きりと》という他人のサイコパスをクリーンにできる人物が浮かび上がる。彼は二〇九九年に起きた航空機事故の唯一の生存者で、東金《とうがね》財団の技術により犠牲者一八四名の遺体を繋ぎ合わせる「多体移植《たたいいしょく》」が行われた結果、サイコパスが計測できない人間となっただけでなく、七名の脳も移植されたので「集合的知性」を有するようになった。他方、常守は公安局刑事課一係内部にも問題を抱えていた。後輩の監視官・霜月美佳《しもつきみか》と、黒い執行官・東金朔夜である。前者は捜査方針で対立、後者はなぜか常守の色相《しきそう》（精神状態を視覚化したもので、白に近づけば健全、黒に近づくと不健全とされる。常守の場合はブルー系）を濁《にご》らそうとする。常守の祖母が殺害される事件をへて、物語は終局に向かうが、重要なのは、鹿矛囲を裁くためシビュラシステムが「集合的サイコパス」の存在を認め進化することだろう。第二期に登場する主な人物の関係は、**図7-6**のとおりである。

まず興味深いのは、パノプティコンだろう。

これは先述したようにベンサムが構想した一望監視システムに基づく監獄であるが、第二期の設定では、二一世紀末に経済省が推進した、交通と銀行取引の履歴を管理・記録することで市民の行動を監視し、市民をあるべき生き方へと導くシステムとして構想されたものとある。これを交通の分野で試験運用するなか、二〇九九年、日空航《にっくうこう》空《くう》三二一便墜落事故が起こり、乗客二〇二名中一名だけが生き残る。

それが鹿矛囲である。

その結果、経済省のパノプティコンはシステムとして代替採用されず、厚生省が推

図7-6　『サイコパス』第2期の相関図

シビュラシステム
厚生省

VS

パノプティコン
経済省

↓ 公安局：局長は禾生壌宗

↓ 日空航空《にっくうこうくう》321便墜落事故

刑事課一係　※二係、三係は略

監視官　常守朱
霜月美佳《しもつきみか》
：桜霜学園の卒業生

執政官　宜野座伸元
：降格
六合塚弥生
須郷徹平《すごうてっぺい》
：二係から異動
雛河 翔《ひなかわしょう》
：捜査を進展させた
東金朔夜《とうがねさくや》
：東金美沙子《みさこ》の子

分析官　唐之杜志恩
雑賀 譲二《さいがじょうじ》：臨時

犯罪者

鹿矛囲桐斗《かむいきりと》
：墜落事故で唯一の生存者。運命を弄《もてあそ》ばれたシビュラシステムに復讐

犯罪・協力者

喜汰沢 旭《きたざわあきら》
：連続爆破事件の犯人
酒々井水絵《しすいみずえ》：二係の監視官
桝嵜葉平《ますざきようへい》：執刀医
桒島浩一《くわしまこういち》：国交省の若手官僚

進するシビュラシステムが唯一の「包括的生涯福祉支援システム」となったわけだが、鹿矛囲は機械の認識上は繋ぎ合わされた死体に過ぎないゆえに、シビュラシステムから存在を認識されない者（透明人間）となった。そこでシビュラシステムへの復讐を遂行するわけである。

次に、執行官の東金朔夜が、東金財団の理事長であった美沙子《みさこ》の子であることを補足する。

「免罪体質者」については槙島のところで解説したが、その誕生確率は約二〇〇万分の一であるという。つまり先天的に生まれる確率はきわめて低いのだが、美沙子は東金財団の技術により人工的に「免罪体質者」を産み出そうとした。

それが朔夜である。

ところが結果的に、犯罪係数が七六九という最高値をたたき出す失敗作となり、縁《えん》あって執行官となった。刑事課一係では、色相が濁らない常守に異常な執着をみせ、黒く染め上げることを企図するので異常性格者といえるが、それは母親に対するアンビバレント（両義的）な思いが影響していそうである。

朔夜の母である美沙子の脳はシビュラシステムの一部に食い込まれているため、それを狙う鹿矛囲とは対立の関係にある。したがってシビュラシステムをめぐって、常守vs鹿矛囲vs朔夜という三つ巴《どもえ》の戦いとなるわけである。一クール一一話の中にうまくまとめた佳作《かさく》だと評価できるだろう。

輸出されるシビュラシステム

つづいて一五年、『劇場版　PSYCHO-PASS　サイコパス』（以下劇場版）が公開された。第二期は狡噛が常守との想像上の会話以外のシーンでは登場せず、いわば「狡噛ロス」に陥っていたファンも多かったと推察するが、ついに心待ちにしていた彼のその後が描かれたのである。私が劇場版を観てまず驚かされたのは、狡噛の潜伏先は国内とばかり思っていたのに、海外であったことである。まさに驚天動地の展開であった。

総監督や監督は継続して変わらず、ストーリー原案はテレビ版第一期の虚淵、脚本は彼とともに深見が担当した。したがって第一期と同じように、深見が草稿を書き、それを虚淵が加筆・修正して初稿にする。そのできあがった原稿に基づき脚本の打ち合わせをするという手順を踏んだと思われる。

ではプロットを簡略に整理するが、わりと複雑なので未見の方は図7-7を参考にしながら読み進めてほしい。

鹿矛囲の事件から一年半後の二一一六年、シビュラシステムはSEAUn（東南アジア連合・シーアン）の首都であるシャンバラフロートに輸出された。初めての海外展開である。そうした中、東京湾から武装テロ集団が密入国をする。刑事課一係らによって掃討《そうとう》されたテロ集団のうち、唯一生き残ったメンバーのメモリースクープによりえられた映像に、反政府ゲリラと行動をともにする狡噛の姿があったので、常守は現地に赴き、SEAUnの国家憲兵隊隊長ニコラス・ウォンが展開する、反政府ゲリラ掃討作戦に同行する。そして狡噛と三年ぶりの再会を果たすが、ニコラスは常守と狡噛、二人の殺害を、南沙《なんさ》諸島の小さな島を拠点とした傭兵《ようへい》団のリーダーであるデスモンド・ルタガンダに依頼し……という展開である。

まず興味深いのは、日本以外の地域では数多くの紛争が起こり、反政府ゲリラが活動しているところだと思う。要するに日本だけがシビュラシステムの管理によって安全が保たれ、市民は充実した人生を送っているわけである。そこでSEAUnでは一軍閥《ぐんばつ》に過ぎなかったチュアン・ハンが、日本のシビュラシステムの導入を条件に、日

図7-7　『サイコパス』劇場版の相関図

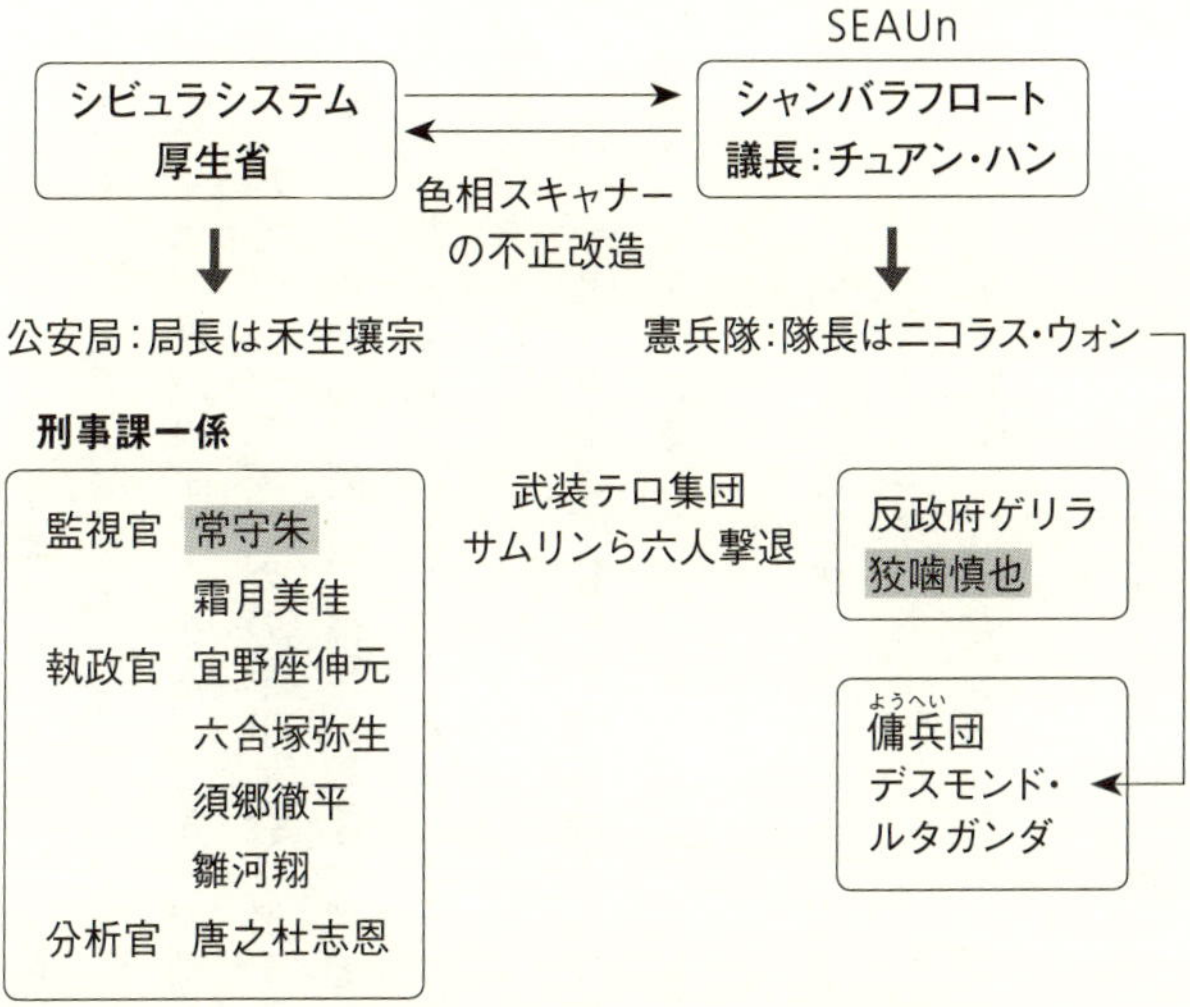

本政府の後ろ盾をえて反チュアン・ハン派を制圧し、SEAUnの議長になったわけであるが、反政府ゲリラはいまだ抑圧できないでいた。

他方、憲兵隊隊長のニコラスは、反政府ゲリラを掃討する任を帯びているが、快楽殺人者のような人物に造形されている。アメリカの軍事社会学者デーヴ・グロスマンによると、戦争における殺人者の攻撃的素因は、復讐と条件付けであるが、少なくとも二%は後悔や自責を感じずに殺人を犯すことができるという。この二%に含まれるのがニコラスだという見方もできるだろう。

また傭兵団のリーダーであるデスモンドは、狡噛や槙島のような理論派であり、初登場するシーンでは、思想家にして革命家、フランツ・ファノンの『黒い皮膚・白い仮面』を原書で読んでいる。

ファノンは西インド諸島のマルチニーク島に生まれたのち、宗主国のフランスで精神医学を学び、一九五二年にこの本でデビューした。内容はとくに植民地住民の「依存コンプレックス」を論じた部分が重要で、自らも参加したアルジェリア独立戦争に影響を与えた。

この本をデスモンドが読んでいるということは、革命家の素質があるということになるが、他の狡噛との対話のシーンでも、ファノンの『地に呪われたる者』が引用される。もっとも、狡噛から「ポストコロニアルかぶれの傭兵とは始末が悪い」と揶揄されるが、この発言には反語的な意味合い（表面的には茶化しているが、裏面では認めている）があるだろう。

ここでポストコロニアル批評（Post-colonial Criticism）について短く解説しておこう。ヨーロッパの植民地主義は、一九四五年の第二次世界大戦の終結後、旧植民地が独立しはじめたことにより基本的に終幕を迎えた。しかしながら独立後も別の形で、宗主《そうしゅ》国と植民地の関係が続いており、この新たな植民地主義（Neocolonialism）を問い直すために生まれたのがポストコロニアル批評である。これを機にファノン以外に、御三家といわれるエドワード・サイード、ガヤトリ・C・スピヴァク、ホミ・バーバの著作を読むのも意義深いだろう。ともあれ狡噛の反語的な発言にみられるように、デスモンドは劇場版に登場した新しいキャラクターの中でもとくに奥行きが感じられ、最も魅力を放っていたと思う。

最終的にSEAUnの問題は、公安局刑事課一係のメンバーの活躍により解決をみるが、よくよく考えると、狡噛は逃亡執行官である。それを宜野座がどのように対処したかは語らないが、立ち去っていくその姿に感慨を覚えた方も多かっただろう。

一連の「サイコパス」シリーズ。

これらを通じて悪／死／人間とは何かが語られ、私たちはよりよき未来を選択することができるかという問いかけをえた。劇場版からテレビ版に戻って語ると、最終的に、常守が選択した第三の道が正しいか否かが問題として浮上するだろう。これは、「集合的知性」や「人民の互恵主義に基づく権力」をどう捉えるかという判断に帰結すると思われる。

ともあれ私たちの未来社会を常守とともに真摯《しんし》に考えること。これこそ『サイコパス』ファンがとるべき「交渉的読解」(Negotiated Reading)、つまり作品で提示された支配的な意味を許容するが、同時にそれを自ら交渉的に考えることだと思われる。

「私たち」の色は何色ですか？

おわりに

二・五次元文化

二〇一〇年代にはいり、いわゆる「二・五次元文化」が注目を浴びている。

第4章で言及した声優ライブ、UNIDOL（ユニドル）やHighdol（ハイドル）、二・五次元ミュージカル、第5章の冒頭でとりあげた聖地巡礼、これから短く論じるアニコスなどが該当するが、それ以外もこの文化圏に含まれる。

そこでポピュラー文化研究などが専門の須川亜紀子《すがわあきこ》らが構成・作成したマップを参考に、本書と関連する事項を整理したのが**図1**である。

同じ二・五次元文化といっても、その世界がフィクション寄りか、私たちが生活をしている物理世界寄りかの違いがある。それが横軸。縦軸は身体をおもに刺激をするか、感覚を拡張するかの違いである。この図をみれば分かるように、四種類の二・五

図1　二・五次元文化の見取り図

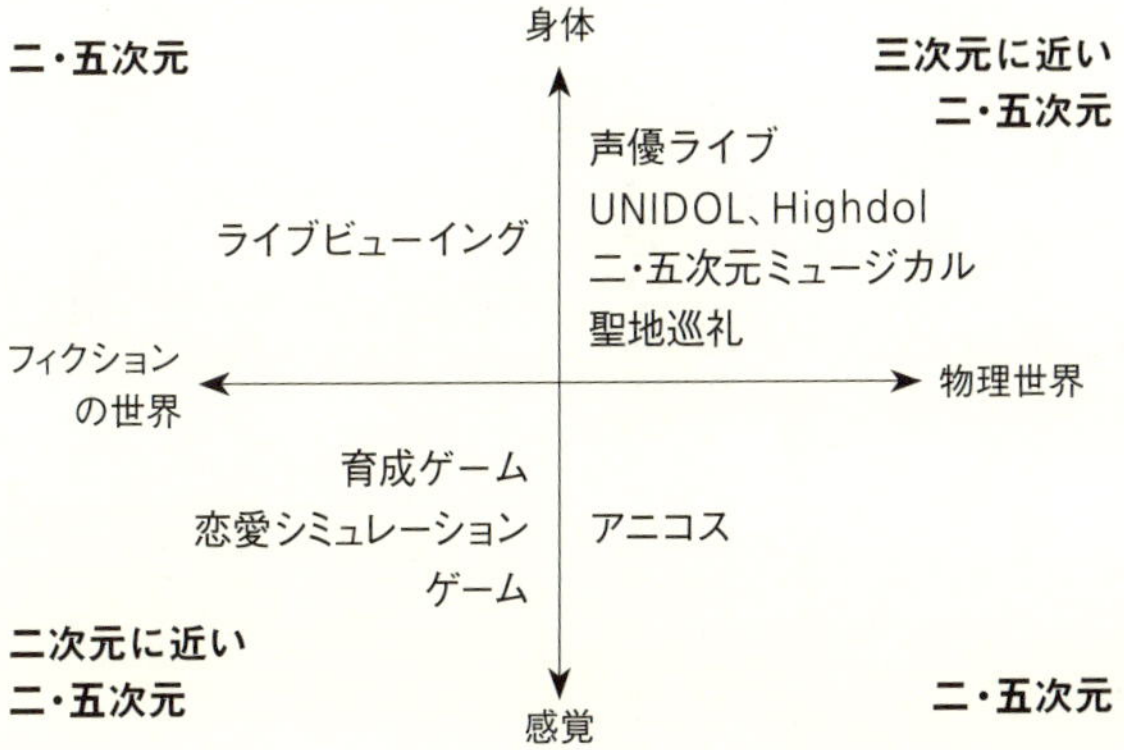

次元文化が存在しているようだ。

まず「μ's from ラブライブ！」のようなキャラクターになりきった声優ライブ、大学や高校のスクールアイドルが競うUNIDOLやHighdol、『テニスの王子様』『弱虫ペダル』『刀剣乱舞《とうけんらんぶ》』などのアニメやゲームを原作としたミュージカル、アニメの舞台を追体験する聖地巡礼。以上は声優、スクールアイドル、役者、視聴者がおのおの物理世界に現前し、おもに身体を刺激するので、三次元に近い二・五次元文化。それに対して声優ライブでたまに行われるライブビューイングは、観客の身体を刺激するフィクション寄りの二・五次元文化だと思う。

また育成ゲームや恋愛シミュレーションゲームは、ゲームというフィクションの世界で私たちの感覚（たとえば萌《も》え）を拡張するので、二次元に近い二・五次元文化。そしてこれから論じるアニコスの場合、コスプレイヤー（以下、レイヤー）が物理世界に現前し、お気に入りのキャラクターを愛し、そのキャラクターを念頭に置きながら二・五次元の衣装を作り、入念にメイクアップしキャラクターになりきる。ゆえに物理世界寄りの二・五次元文化といえそうだ。

アニコス文化

さて、ではなぜレイヤーはアニコスに興じるのだろうか。

近畿大学文芸学部で一三年度後期にとったアンケートでえられた、その理由の回答を列記しよう（経験者四三人のみ、複数回答可）。

第一位　仲間と楽しむもの　三五票（八一％）
第二位　変身願望の実現　一四票（三二％）
第三位　キャラクターへの自己同一化　六票（一四％）

第四位　キャラクターの関係（BLや百合）の再現　三票（七%）

その他の回答として、自己消去、シーンの再現、個性の消去、気分転換、作るときの楽しさをあげる方もいた。以下、煩瑣《はんさ》にならないように配慮しながら、上記の理由一位と二位を短く分析してみたい。

仲間と楽しむもの

第一位の「仲間と楽しむもの」から。

まず文化研究でいう「儀礼的行為」（Ritual Practice）という概念を召喚《しょうかん》しよう。これは一定のスタイルによって形作られた身振りや慣習行為のことだが、この「儀礼的行為」からポップカルチャーを共有する小集団は形成される。レイヤーの小集団にはさまざまな振る舞いや慣習行為が存在する。

「相方」：アニコスでコンビを組む相手のこと。『デュラララ!!』の場合、臨也《いざや》の相方は憎み合ってラブな関係の静雄《しずお》。また『タイバニ』の場合、虎徹《こてつ》の相方はバーナビーかブルーローズが王道。

「合わせ」：同じ作品、たとえば『サイコパス』に登場するキャラクターに扮《ふん》したレイヤーが集まること。

「なりきり」：キャラクターになりきること。『ラブライブ！』の真姫《まき》だったらその仕草を模倣する。

「絡み」：恋愛関係を匂わせるポーズのこと。ＢＬや百合を再現するか妄想したポーズが多い。

「コス友」：「合わせ」をよく一緒にするレイヤー仲間のこと。

「コスネーム」（ＣＮ）：ＤＴＰ（Desktop Publishing の略）で自作したコス用の名刺には、コスプレ写真を背景に、ハンドルネームのような名前が記載されている。これがコスネーム。名刺はイベントなどで交換する。

「コスプレイヤーズアーカイブ」「Cure」：レイヤーの主なＳＮＳ。アカウントをとり自分のコス写真をアップする。

「撮影会」：スタジオなどを借りて撮影すること。

筆者は男性なので、以下では男性のレイヤー視点で語ろう。

イベント当日、「合わせ」のメンバーが会場付近に集合する。受付で各自が入場料約一五〇〇円を払い、男女別になった更衣室へ向かう。

まず男女の更衣室の広さは、イベントの規模や、参加するレイヤーの男女比により決まっており、男子レイヤーのそれは女子よりも狭く、小さな教室程度の広さが多い。男子の場合、いわゆる「かぶり物」「着ぐるみ」「ドーラー」（女性キャラの面と着ぐるみ）の人が多く、ウィッグを付けメイクをするレイヤーはことの外少ない。たとえば週末に大阪南港ATCで開かれるコスプレイベント規模なら、一〇人いたらいい方である（印象として全体の約五％だが、少しずつ増えてきている気はする）。

また男子の場合、（女子もそうだと思うが）出かける前に自宅で、目の周辺の下ごしらえ、すなわちビューラーやアイプチの利用やカラーコンタクトの装着をやっておく。更衣室では、コスチュームに着替えたのち、前髪をヘアクリップやカチューシャでかき上げ、メイクがはじまる。まず顔は、化粧水で肌を整え、BBクリームで美しくする。ついで目の周辺は、アイライナーを厚めに盛り、納得したら髪をヘアピンで留めたのち、ネットで押さえて、頭にはウィッグをかぶる（帰るときは髪の毛が平たくなるので帽子が必需品)。これでアニコスのレイヤー、すなわち美学・美術史が専門の小泉恭子《こいずみきょうこ》がいう「表現系おたく」の完成である。

このようなレイヤーのメイク方法は、コスプレ専門誌、たとえば『COSPLAY MODE』(旧『COSMODE』)や『電撃レイヤーズ』(廃刊)で研究するより、ネットやアニコスの先輩から学ぶケースが多いようだ。

イギリスで学んだメディア論者ジョン・フィスクによると、ポピュラー文化とは、「支配層の経済的利益のために作られたものを利用して、従属的立場の者が自分たちのために作り出した文化」であるという。この「支配-従属」というのはピンとこないかもしれないが、要するにアニメの場合、アニメ制作会社が作った作品を利用して、仲間と楽しむためにアニコスを行うと考えればいいと思う。そのためキャラクターになりきるわけだが、この「なりきり」たい人を、フィスクの概念を使うと「ワナビーズ」(Wannabes, Want To Beから)という。そしてレイヤーがキャラクターになりきり、相方と「絡み」に興ずることにより、キャラクターおよびその関係性(絆)が与える意味や快楽を表現していることになるのではないだろうか。

このようにしてレイヤーは、仲間内で楽しく時間を過ごすのだが、メディア文化論などを教えている田中東子《たなかとうこ》によると、そこには「内部的差異化」と「外部的類似性」がみられるという。

まず「内部的差異化」というのは、レイヤーたちのコミュニティにおける「知識」と「技術」の有無による差異があるということだ。たとえばアニコスのコスチュームの場合、ネットを利用して複数または個人で販売している「サークル製」や、COSPA《コスパ》等の企業が作った「既製品」よりも、レイヤー自身が作った「自作」の方がリスペクトを集める。あるいはキャラクターを完璧に再現したレイヤーは「レベル」が高いと称賛を受ける、といった意味である。したがって「階層化」といいかえてもいいだろう。

他方「外部的類似性」というのは、「部外者のまなざしのうちにはきわめて同質的で類似な集団」にしか見えないということである。たしかにレイヤーと部外者とのあいだには感覚的な乖離《かいり》と緊張感があるのだが、これは単に時代や世代の問題に過ぎないかもしれない。一億総オタクともいわれる一〇年代、メジャーな作品のキャラクターなら部外者でも分かる場合が多くなっている印象がある（**図2参考**）。

図2　アニコス

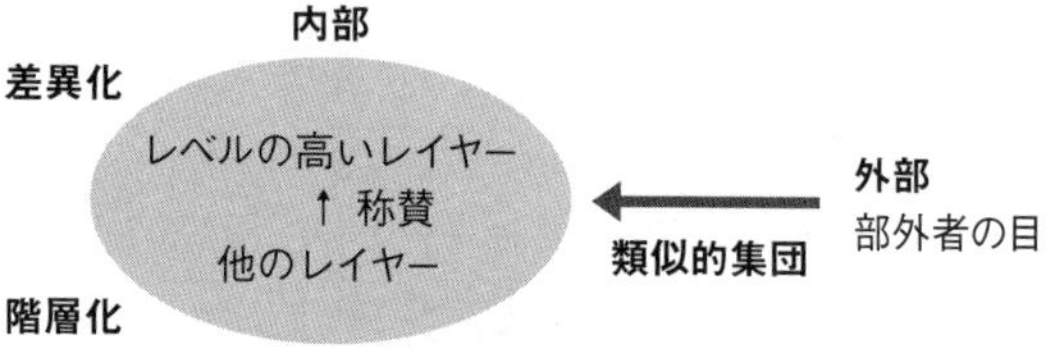

＊10年代は部外者もレイヤー集団を区別できるようになった印象がある。

変身願望の実現

第二位の「変身願望の実現」も、まず文化研究の方向から分析してみよう。

たとえばオーストラリアの社会学者ジョアン・フィンケルシュタインは、ファッション（モード）を脱領域的に論じており、さまざまなヒントを提供する。アニコスに「再文脈化」（Recontextualization、新たな文脈を創造すること）して語るとこのようになるだろう。

服装とはそもそも「着る人のアイデンティティを伝えるコミュニケーションの方法」である。つまり私たちがアニコスをするとき、自らがオタクであると自己同一化し、それを仲間や他者に伝えるコミュニケーション・ツールとして衣装はあるわけである。したがってアニコスのコスチュームも、「わかる人だけわかる記号体系であり、その暗黙《あんもく》のかつ厳密な規則にしたがって……社会的な差異を誇示《こじ》するものと考えうる。

またマンガ家やアニメの制作者が、キャラクター設定をする際、いかなる人物造形にするかに応じて衣装や小道具は決められる。そして私たちがアニコスをするとき、マンガやアニメに登場するお気に入りのキャラクターが着ている衣装を、二・五次元に立体化（裁縫《さいほう》）し、それを着るプロセスを踏み、小道具を手にするなど自らそのキャラクターになりきることで、変身願望を実現する。

では男装する女子の場合、その変身願望はいわゆる「トランスジェンダー」（Transgender、さまざまな意味があるが、ここは狭い意味で社会的に反対の性を選択して生きる人）と同類なのだろうか。永続化と一時的変化との違いはあるにしても、ジェンダーをトランス（横断）している点では共通する。フィンケルシュタインが他の学者の言葉を借りながら語っているように、「ジェンダーの記号が身体から衣服におきかえられるとき、身体は衣服によってつくり出され」る。つまりキャラクターになりきることを最重要とする女子は、男性キャラクターになるため、身体を「ボディタイツ」や「さらし」を使い矯正《きょうせい》するだけでなく、話し言葉も男言葉になる。こうしてレイヤーは「望んでいるどんな役割をも果たすことができる」わけである。

なお服装や外見を反対にする異性装《いせいそう》は、英語で「トランスヴェスタイト」(Transvestite)というが、女子のレイヤーが女性のキャラクターに扮する場合、しばしば「女装」という表現が使われている。つまり服装や外見が同じであるはずの同性装さえ、ある種の異性装のような感覚が共有されているのだ。ここがアニコス文化の興味深いところだと思う。

では文化研究以外にどのようなアプローチの方法があるだろう。

たとえば海外文学なら、古代ギリシア時代のオウィディウスの『変身物語』をはじめ、近代にはいるとフランツ・カフカの『変身』、カルロス・フェンテスの『聖域』など、「変身」をテーマとした作品は多々ある。またフランケンシュタイン、ドラキュラ、狼男といったモンスターものや、ロバート・ブロックの『サイコ』のような多重人格ものも、このような変身文学に繋がるだろう。

文芸評論をやっているので文学から考えてみたい気がするが、社会学寄りの議論の方が読者に資すると思うので、ここでは社会学者の宮原浩二郎《みやはらこうじろう》の見解を参照してみよう。

レイヤーは、その場を体験すると分かるが、宮原がいうように「日常と非日常を分離して演技している」(要するにハレとケとの関係)。非日常的なアニコスの舞台はまさにハレの場であり、束の間の自由を謳歌《おうか》していると考えることができる。

また宮原が指摘する変身願望の二つの側面「成りたい願望」と「変わりたい願望」のカテゴリー分けが、レイヤーの変身願望を解く鍵になると思う。

まず「成りたい願望」とは、「変身した結果、自分にとって望ましい姿を獲得し、その新しい姿で物事を経験してみたい」という願望である。これはお気に入りのキャラクターのコスチュームを着ることで、アニコスを経験してみたいという願望と通じる。

他方、「変わりたい願望」とは、「今とは別の自分、いろいろな自分を演出してみたい、その気分を楽しんでみたい」という願望である。こちらはアニコスをすることで、学生、社会人や主婦といった社会における役割(日常)から自分を解放して、「合わせ」で気分を楽しみたいという望みと通底する。

宮原によると、この二つの願望は異なった自己意識によって支えられているという。前者のベースは単一の自己、後者のそれは複数の自己である。したがってレイヤーは

図３　ハレの場としてのアニコス

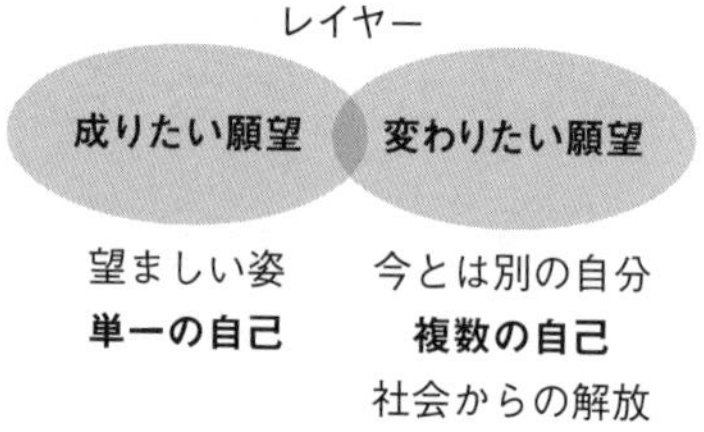

＊レイヤー個々人によって願望のベクトルは異なるが、
いずれにせよ自己同一性の変換という意味がある。

まず「成りたい願望」をもってアニコスし、「変わりたい願望」により他者と「合わせ」に興じるのだと整理することができる（**図３参考**）。

物理世界寄りの二・五次元文化であるアニコス。単一の自己と複数の自己、一方と他方とが出会う場で主体の独自性（自己同一性）が変容する。ここで変わるのはレイヤー自身の「身体」であり、それは同時に自己同一性の変換ということだ、と結論付けられよう。

二・五次元文化の行方

さて一〇年代に注目されている二・五次元文化は今後どうなっていくのだろうか。ごく短く予想してみよう。

まず物理世界寄りのアニコスは、オタクにとってなくてはならない感覚（たとえば萌え）を拡張する装置として機能していくことは間違いない。また同じく物理世界寄りで身体を刺激する声優ライブ、UNIDOLやHighdol、二・五次元ミュージカル、聖地巡礼などは、運営側の動向や経済状況にもよるが人気を博すると思われる。とりわけ聖地巡礼は新作アニメがテレビで放映される限り、聖地はどんどん増殖していき、同じ場所がさまざまな作品で幾重《いくえ》にも上書きされた「ハイパー聖地」となる可能性もある。

他方、身体を刺激するフィクション寄りの二・五次元文化であるライブビューイングは、『ラブライブ!』のような綿密な仕掛けがないと成功を導きだせないと思う。またフィクション寄りでも私たちの感覚を拡張する育成ゲームや恋愛シミュレーションゲームは、昨今の晩婚化や、男子のみならず女子も草食化しつつある今日、その需要は増えることがあっても減ることはないと考える。

ともあれゼロ年代のオタク文化と比較すると、一〇年代のそれは、二・五次元文化という物理世界とフィクションの世界を「横断」（トランス）する多様な文化に成熟したと捉えることが可能であり、今後の趨勢《すうせい》からは目が離せないだろう。

あとがき

教テンフレンズ（読者）の皆さん。

初めましての方はこんにちは、前著からの方はお久しぶりです。筆者の町口哲生《まちぐちてつお》です。ここでは、本文とはモードを変えて、ライトノベルのあとがきのような文章で書くことをお許しください。ちなみに読者の皆さんのことを、このシリーズのタイトルが「教養としての10年代アニメ」なので「教養」から「教」、「10年代」から「テン」、そして某アニメから「フレンズ」をもらい受けるという形で合成して「教テンフレンズ」と呼ばせていただいてます。教テンは「アニメ論の教典」になるようにという意味を兼ねてます。ちょっとした洒落《しゃれ》です。

さて前著で申しましたように、私の専門は哲学・現代思想で、文芸評論（純文学系）をやったり、大学で教えたりしてます。

また評論スタイルは、はじめにで述べたように、印象を語ることはなるべく慎《つつし》み、教養（学問）を参照しつつ、今一度作品（≒文化）を組み立て直すことに主眼を置いてます。この「組み立て直し」→「生き直し」というコンセプトは、アメリカの比較文学者ガヤトリ・C・スピヴァクの「学び直し」（Unlearn）という概念から示唆を受けてますが、スピヴァクはフランスの哲学者ジャック・デリダの翻訳者でもあるので、当然のことながらデリダの「脱構築」（Déconstruction）という概念も念頭に置いてます。「脱構築」のDéは「分離」、constructionは「建築、構築」という意味なので、建物の基底に揺さぶりをかけ階層的な二項対立を疑問に付すイメージです。

しかし私のアニメ論でいう「組み立て直し」→「生き直し」というコンセプトはちょっと違います。アニメはインフォテインメント、情報付きの娯楽なので、作品（≒文化）という一本のリンゴの木があるとすれば、その幹に揺さぶりをかけて、落ちてきたリンゴを美味しく調理して食するがごとく、作品に内在するうま味＝可能性に着目して、教養（学問）を参照しながら作品を組み立て直す。そしてオタクの新しい生き方としてその作品を生き直すわけですから、それを教テンフレンズの皆さんにもシェア＝分有しながら再び美味しくいただくみたいなイメージで理解してもらえたら嬉しいです。

これは文学論や音楽論を含め一貫した私の評論のアティチュード（態度）といえばいいでしょう。そこには私を含めた皆さんの単調でつまらない人生を、教養（学問）で彩りたいという願望もあります。ちなみにケーキではアップルパイが大好きです。


さてねとらぼからはじまり、あちらこちらで話題となったのが「深夜枠を中心に週二〇本以上アニメを視聴すること」というシラバスの注意事項でした。

これは近畿大学で担当している二年生向けの映像・芸術論1の授業時間外に必要な学修としてあげた一部にすぎず、同時に月一〇冊以上の読書、インターネットやSNS活用の習熟などを求めていたわけですが、この「週二〇本」ネタはキャッチーなためか口コミで拡がり、バイラル・ループ（Viral Loop、ウィルスのように感染拡大すること）したわけです。

前著は実のところ、一年生向けの映像・芸術基礎1の講義内容を書籍化したものでした。この意味でいうと「教養としての10年代アニメ」シリーズの序章という位置づけです。ところが本書は「深夜枠を中心に週二〇本以上アニメを視聴すること」というシラバスの注意事項をあげた二年生向けの映像・芸術論1の講義内容がベースになってます。したがってこの本こそ「あの話題の！」という形容がふさわしい本といえるでしょう。

もう一度小声でいいますね。「あの話題の！」講義の書籍化です。

本書のベースの部分は講座で語っていた通りですが、改めて新書にする過程で追加した項目も多いです。また一度語ったことは興味がなくなる悪癖《あくへき》（？）があるためか、削除して新たに書き直したところも多々あります。そういう意味で、元受講生の教テンフレンズの皆さんも楽しめる内容だと思います。なお新書というメディアですので、改行を多くしたり、難解な表現を避けるといった配慮が必要です。そこで編集サイドの意見を参考に、文章スタイルを変えたり、論の展開上いたしかたない部分は説明を増やしたりするなどしました。

さて前著同様、担当編集者の天野《あまの》潤平《じゅんぺい》氏、ありがとうございました。天野氏はきちんと的を射《い》た指摘をなさる優秀な編集者なので、気持ちよくお仕事ができました。

また的確なアドバイスをいただいた近畿大学のフレンズの皆さん、清眞人《きよしまひと》先生、清《きよ》島秀樹《しまひでき》先生、小森健太朗《こもりけんたろう》先生、また総務部広報室の皆さんにも感謝します。

とくにアニメ論の大著『神、さもなくば残念。』(作品社)や、本格ミステリの奇書といわれる『大相撲殺人事件』(文春文庫)などで有名な小森先生は、年二回ほどアニメ対談をさせていただいており、大変お世話になっています。これからもどうぞよろしくお付き合いくださいというか対談集を出したいですね。

そして前著と同じくカバーイラストを描いていただいた『COPPELION』で名高い井上智徳《いのうえとものり》先生。「禁書や監視システムで管理された都市で自我に目覚めた三人が監視塔に背を向ける」なんて、もうカッコよすぎです。前著と同じく何とお礼を申し上げてよいか、感謝の言葉もございません。先生は現在、『ヤングマガジン サード』誌にて『CANDY&CIGARETTES』を連載中です。もちろん読ませていただいてます。

あとは友人、在校生や卒業生、身内のサークル関係の皆さん、いつも応援ありがとうございます。私のなかなか癒やせない(詳細は語りませんが)九六年問題。それにめげず、日々励まされてます。

さて最後になりますが、教テンフレンズ（読者）の皆さんにも感謝を捧げたいと思います。

最後まで読んでいただきありがとうございました。私の専門が哲学・現代思想なので少々難解な議論もあったとは思いますが、巻末の参考文献を手にしてより教養（学問）を深めていただけたらと思います。私としては一〇年代アニメ論は、作品を七作ほどピックアップしてあと一冊上梓したいと思ってます。作品は、たしかなことはいえませんが、『君の名は。』『文豪ストレイドッグス』『幼女戦記』『進撃の巨人』……、そして最後は『けものフレンズ』でしょうか（ラインナップは変わる可能性大）。

ふだんの私に関してはツイッターの方でツイートしてますので、フォローしてみてください（相互フォローの希望はその旨をリプライしてください）。本名の町口哲生（@tetuomachiguchi）で運営してます。※字数の問題で tetsuo は s 抜きで tetuo です。

ではまたの機会にお会いしましょう。これにて失礼いたします。

二〇一八年二月三日

主な参考・引用文献、データ一覧

はじめに

・山村浩二『カラー版 アニメーションの世界へようこそ』／岩波ジュニア新書／2006年
・津堅信之『アニメーション学入門』／平凡社新書／2005年
・津堅信之『新版 アニメーション学入門』／平凡社新書／2017年
・『芸術新潮』／2017年9月号／新潮社
・Bryan D. Svencer, M.Ed. *Edutainment: Entertainment in the K-12 Classroom,* Createspace Independent Publishing Platform, 2012

第1章

・大場登『ユングの「ペルソナ」再考――心理療法学的接近』／創元社／2000年
・『折口信夫全集 第1巻 古代研究 國文学篇』／中公文庫／1975年
・ヨーハン・V・アンドレーエ『化学の結婚――付・薔薇十字基本文書〈普及版〉』／種村季弘＝訳／紀伊國屋書店／2002年
・ロラン・エディゴフェル『薔薇十字団』／田中義廣＝訳／文庫クセジュ／1991年
・クリストファー・マッキントッシュ『薔薇十字団』／吉村正和＝訳／ちくま学芸文庫／2003年
・マンリー・P・ホール『象徴哲学大系Ⅲ カバラと薔薇十字団』／吉村正和・大沼忠弘・山田耕士＝訳／人文書院／1981年
・『柳田國男全集 11』／ちくま文庫／1990年

・川村邦光『憑依の視座――巫女の民俗学Ⅱ』／青弓社／1997年
・フィリップ・K・ディック『アンドロイドは電気羊の夢を見るか？』／浅倉久志＝訳／ハヤカワ文庫SF／1977年
・サン＝テグジュペリ『星の王子さま』／内藤濯＝訳／岩波少年文庫／2000年
・アガサ・クリスティー『ゼロ時間へ』／三川基好＝訳／ハヤカワ文庫／2004年
・『フロイト著作集 5 性欲論／症例研究』／懸田克躬・高橋義孝＝訳／人文書院／1969年
・ジャック・ラカン『エクリ Ⅰ』／宮本忠雄・竹内迪也・高橋徹・佐々木孝次＝訳／弘文堂／1972年
・新宮一成『ラカンの精神分析』／講談社現代新書／1995年
・スラヴォイ・ジジェク『イデオロギーの崇高な対象』／鈴木晶＝訳／河出文庫／2015年
・『ユリイカ』2014年9月臨時増刊号／青土社
・遠藤知巳＝編『フラット・カルチャー――現代日本の社会学』／せりか書房／2010年
・ゲルハルト・ヘルム『フェニキア人――古代海洋民族の謎』／関楠生＝訳／河出書房新社／1999年

第2章

・伊藤誠之助＝編『少女革命ウテナ 薔薇の容貌』／ベストセラーズ／1998年
・斎藤環 他『少女たちの戦歴――『リボンの騎士』から『少女革命ウテナ』まで』／ポップ・カルチャー・クリティーク（青弓社）／1998年
・村上春樹『神の子どもたちはみな踊る』／新潮文庫／2002年
・金水敏『ヴァーチャル日本語 役割語の謎』／岩波書店／2003年
・金水敏＝編『〈役割語〉小辞典』／研究社／2014年

・『ユリイカ』2017年9月臨時増刊号／青土社
・『宮沢賢治全集 7 銀河鉄道の夜・風の又三郎・セロ弾きのゴーシュほか』／ちくま文庫／1985年
・高山文彦『麻原彰晃の誕生』／文春新書／2006年
・ダグラス・クープランド『ジェネレーションX――加速された文化のための物語たち』／黒丸尚＝訳／角川文庫／1995年
・Chloe Combi, *Generation Z: Their Voices, Their Lives*, Windmill Books, 2015
・原田曜平『さとり世代』／角川oneテーマ21／2013年
・バックミンスター・フラー『クリティカル・パス――宇宙船地球号のデザインサイエンス革命』／梶川泰司＝訳／白揚社／2007年
・ジャン＝リュック・ナンシー『共同-体《コルプス》』／大西雅一郎＝訳／松籟社／1996年
・モーリス・ブランショ『明かしえぬ共同体』／西谷修＝訳／ちくま学芸文庫／1997年

第3章

・エミリー・ブロンテ『嵐が丘』／鴻巣友季子＝訳／新潮文庫／2003年
・ジュリア・クリステヴァ『詩的言語の革命 第一部 理論的前提』／原田邦夫＝訳／勁草書房／1991年
・吉村昭『羆嵐』／新潮文庫／1982年
・『宮沢賢治全集 8 注文の多い料理店・オツベルと象・グスコーブドリの伝記ほか』／ちくま文庫／1986年
・宮沢賢治『なめとこ山の熊』／青空文庫／2005年
・知里真志保『アイヌ宗教成立の史的背景』／青空文庫／2013年

・藤本英夫『知里真志保の生涯』／新潮選書／1982年
・瀬川拓郎『アイヌ学入門』／講談社現代新書／2015年
・田中康弘『マタギ 矛盾なき労働と食文化』／枻出版社／2009年
・天野哲也『クマ祭りの起源』／雄山閣／2003年
・中沢新一『熊から王へ カイエ・ソバージュⅡ』／講談社選書メチエ／2002年
・『ユリイカ』2013年9月号／青土社
・荷宮和子・大塚英志『クマの時代――消費社会をさまよう者の［救い］とは』／カッパ・サイエンス（光文社）／1993年
・日本玩具文化財団＝編著／シュタイフミュージアム＝監修『Teddy Bear――シュタイフテディベアの世界』／クレオ／2011年
・ヴァルター・ベンヤミン『ベンヤミン・コレクション 2 エッセイの思想』／浅井健二郎＝編訳／三宅晶子・久保哲司・内村博信・西村龍一＝訳／ちくま学芸文庫／1996年
・和田秀樹『スクールカーストの闇 なぜ若者は便所飯をするのか』／祥伝社黄金文庫／2013年
・綾奈ゆにこ『ちいさい百合みぃつけた』／角川書店／2014年
・『ユリイカ』2014年12月号／青土社
・『百合の世界入門』／玄光社MOOK／2016年

第4章

・宇野常寛『リトル・ピープルの時代』／幻冬舎文庫／2015年
・濱野智史『前田敦子はキリストを超えた――〈宗教〉としてのAKB48』／ちくま新書／2012年

・ジャン・ボードリヤール『消費社会の神話と構造』／今村仁司・塚原史＝訳／紀伊國屋書店／１９９５年
・田中秀臣『ＡＫＢ48の経済学』／朝日新聞出版／２０１０年
・田中秀臣『ご当地アイドルの経済学』／イースト新書／２０１６年
・清家竜介・桐原永叔『ももクロ論 水着と棘のコントラディクション』／実業之日本社／２０１３年
・小島和宏『３・11とアイドル――アイドルと被災地、ふたつの「現場」で目撃した１０９６日間の「現実」』／コア新書／２０１４年
・石原真『ＡＫＢ48、被災地へ行く』／岩波ジュニア新書／２０１５年
・ヘシオドス『神統記』／廣川洋一＝訳／岩波文庫／１９８４年
・シド・フィールド『映画を書くためにあなたがしなくてはならないこと シド・フィールドの脚本術』／安藤紘平・加藤正人・小林美也子・山本俊亮＝訳／フィルムアート社／２００９年
・シド・フィールド『素晴らしい映画を書くためにあなたに必要なワークブック シド・フィールドの脚本術２』／安藤紘平・加藤正人・小林美也子＝監修／菊池淳子＝訳／フィルムアート社／２０１２年
・Robert McKee, *Story: Substance, Structure, Style and the Principles of Screenwriting*, 2005
・ジャコモ・リゾラッティ＆コラド・シニガリア『ミラーニューロン』／茂木健一郎＝監修／柴田裕之＝訳／紀伊國屋書店／２００９年
・マルコ・イアコボーニ『ミラーニューロンの発見――「物まね細胞」が明かす驚きの脳科学』／塩原通緒＝訳／ハヤカワ・ノンフィクション文庫／２０１１年
・『美術手帖』２０１６年7月号／美術出版社

・『ユリイカ』2016年9月臨時増刊号／青土社
・速水健朗『自分探しが止まらない』／ソフトバンク新書／2008年
※二〇一七年度、年間CDシングルランキング（オリコン）も参考。TOP二〇は左の通りである。一三位は韓国のグループだが、それ以外は日本のグループアイドルが占めている。なおアイドル系以外が登場するのはようやく二六位で、星野源の「Family Song」。

一位　AKB48「願いごとの持ち腐れ」
二位　AKB48「#好きなんだ」
三位　AKB48「11月のアンクレット」
四位　AKB48「シュートサイン」
五位　乃木坂46「逃げ水」
六位　乃木坂46「インフルエンサー」
七位　乃木坂46「いつかできるから今日できる」
八位　欅坂46「不協和音」
九位　欅坂46「風に吹かれても」
一〇位　嵐「Doors ～勇気の軌跡～」
一一位　嵐「I'll be there」
一二位　嵐「つなぐ」
一三位　BTS（防弾少年団）「MIC Drop/DNA/Crystal Snow」
一四位　SKE48「意外にマンゴー」

一五位　ＮＭＢ48「僕以外の誰か」
一六位　関ジャニ∞「なぐりガキＢＥＡＴ」
一七位　Hey! Say! JUMP「ＯＶＥＲ ＴＨＥ ＴＯＰ」
一八位　Hey! Say! JUMP/A.Y.T.「Precious Girl/Are You There?」
一九位　Hey! Say! JUMP「Give Me Love」
二〇位　関ジャニ∞「奇跡の人」

https://www.oricon.co.jp/rank/js/y/2017/

※ＵＮＩＤＯＬ、HighdoI、大阪のローカルアイドル、およびＯＳＫ日本歌劇団に関しては各々の公式ウェブサイトなどを参考にした。

第5章

・田村秀『「ご当地もの」と日本人』／祥伝社新書／２０１４年
・岡本亮輔『聖地巡礼――世界遺産からアニメの舞台まで』／中公新書／２０１５年
・岡本健『ｎ次創作観光　アニメ聖地巡礼／コンテンツツーリズム／観光社会学の可能性』／ＮＰＯ法人北海道冒険芸術出版／２０１３年
・ドリルプロジェクト＝編『聖地巡礼ＮＡＶＩ』／飛鳥新社／２０１０年
・アダム・ペネンバーグ『バイラル・ループ　あっという間の急成長にはワケがある』／中山宥＝訳／講談社／２０１０年
・マルコム・グラッドウェル『急に売れ始めるにはワケがある　ネットワーク理論が明らかにする口コミの法則』高橋啓＝訳／ソフトバンク文庫／２００７年

・宇野常寛『リトル・ピープルの時代』／幻冬舎文庫／2015年
・東浩紀・北田暁大＝編『思想地図 vol.3』／日本放送出版協会／2009年
・東浩紀・北田暁大＝編／宇野常寛＝編集協力『思想地図 vol.4』／日本放送出版協会／2009年
・村上裕一『ゴーストの条件 クラウドを巡礼する想像力』／講談社BOX／2011年
・アビ・ヴァールブルク『ヴァールブルク著作集1 サンドロ・ボッティチェッリの《ウェヌスの誕生》と《春》』／伊藤博明＝監訳／富松保文＝訳／ありな書房／2003年
・ジャン・ボードリヤール『シミュラークルとシミュレーション』／竹原あき子＝訳／法政大学出版局／2008年
・エリック・ホブズボウム&テレンス・レンジャー＝編『創られた伝統』／前川啓治・梶原景昭 他＝訳／紀伊國屋書店／1992年
・ミハイル・バフチン『ドストエフスキーの詩学』／望月哲男・鈴木淳一＝訳／ちくま学芸文庫／1995年
・ジャン・ハロルド・ブルンヴァン『消えるヒッチハイカー――都市の想像力のアメリカ』／大月隆寛・菅谷裕子・重信幸彦＝訳／新宿書房／1997年
・ジャン・ハロルド・ブルンヴァン『チョーキング・ドーベルマン――アメリカの「新しい」都市伝説』行方均＝訳／新宿書房／1990年
・宇佐和通『都市伝説の正体――こんな話を聞いたことはありませんか？』（祥伝社新書）／2009年
・大越愛子・堀田美保＝編『現代文化スタディーズ』／晃洋書房／2001年

・小林雅明『誰がラッパーを殺したのか?――ドラッグ、マネー&ドリームス』／扶桑社／1999年
・Sanyika Shakur, aka Monster Kody Scott, *Monster: The Autobiography of an L.A. Gang Member*, Penguin, 1993
・伊藤昌亮『フラッシュモブズ――儀礼と運動の交わるところ』／NTT出版／2011年
・マックス・ウェーバー『権力と支配』／濱嶋朗＝訳／講談社学術文庫／2012年
・ジャック・デリダ『マルクスの亡霊たち――負債状況＝国家、喪の作業、新しいインターナショナル』／増田一夫＝訳／藤原書店／2007年
・本堂平四郎＝著／東雅夫＝編『怪談と名刀』／双葉文庫／2014年
・兵藤裕己＝校注『太平記（五）』／岩波文庫／2016年
・かみゆ歴史編集部『物語で読む日本の刀剣150』／イースト新書Q／2015年
・礫川全次『アウトローの近代史――博徒・ヤクザ・暴力団』／平凡社新書／2008年
・奥田道大・田嶋淳子＝編『新版 池袋のアジア系外国人』／明石書店／1995年
・奥田道大・鈴木久美子＝編『エスノポリス・新宿／池袋――来日10年目のアジア系外国人調査記録』／ハーベスト社／2001年
※豊島区における外国人の居住者数は、東京都総務局統計部のウェブサイトのデータを参考に計算した。

第6章

・エマニュエル・ローゼン『クチコミはこうしてつくられる――おもしろさが伝染するバズ・マーケティング』／濱岡豊＝訳／日本経済新聞社／2002年
・マーク・ヒューズ『バズ・マーケティング』／依田卓巳＝訳／ダイヤモンド社／2006年

・マルコム・グラッドウェル『急に売れ始めるにはワケがある　ネットワーク理論が明らかにする口コミの法則』高橋啓＝訳／ソフトバンク文庫／2007年
・アレックス・ウィッパーファース『ブランド・ハイジャック――マーケティングしないマーケティング』／酒井泰介＝訳／日経BP社／2005年
・イアン・コンドリー『アニメの魂――協働する創造の現場』／島内哲朗＝訳／NTT出版／2014年
『ギリシア悲劇Ⅱ　ソポクレス』／松平千秋＝訳／ちくま文庫／1986年
『フロイト著作集　5　性欲論／症例研究』／懸田克躬・高橋義孝＝訳／人文書院／1969年
・ダニエル・ダヤーン＆エリユ・カッツ『メディア・イベント――歴史をつくるメディア・セレモニー』浅見克彦＝訳／青弓社／1996年
・小田切博『戦争はいかに「マンガ」を変えるか――アメリカンコミックスの変貌』／NTT出版／2007年
柳亨英＝編『アメコミフロントライン』／河出書房新社／2016年
・小野耕世・池田敏・石川裕人・堺三保・てらさわホーク・光岡三ツ子『アメコミ映画40年戦記――いかにしてアメリカのヒーローは日本を制覇したか』洋泉社／2017年
※NHK放送文化研究所の世論調査部による報告書は、同所のウェブサイトの論文を参考にした。
第7章
・ジェレミー・ベンサム「道徳および立法の諸原理序説」(『世界の名著49』所収)／関嘉彦＝責任編集／中公バックス／1979年
・レイ・カーツワイル『ポスト・ヒューマン誕生――コンピュータが人類の知性を超えるとき』／井上健＝

監訳／小野木明恵・野中香方子・福田実＝訳／ＮＨＫ出版／２００７年
・伊藤さゆり『ＥＵ分裂と世界経済危機――イギリス離脱は何をもたらすか』／ＮＨＫ出版新書／２０１６年
・ＮＨＫ取材班『総力取材！　トランプ政権と日本』／ＮＨＫ出版新書／２０１７年
・ＮＨＫ取材班『総力取材！　トランプ時代と分断される世界――アメリカ、ＥＵ、そして東アジア』／ＮＨＫ出版新書／２０１７年
・フィリップ・Ｋ・ディック『シビュラの目――ディック作品集』／浅倉久志 他＝訳／ハヤカワ文庫ＳＦ／２０００年
・ジョン・Ｃ・リリィ『バイオコンピュータとＬＳＤ』／菅靖彦＝訳／リブロポート／１９９３年
・古澤明『量子テレポーテーション――瞬間移動は可能なのか？』／講談社ブルーバックス／２００９年
・フィリップ・Ｋ・ディック『マイノリティ・リポート――ディック作品集』／浅倉久志 他＝訳／ハヤカワ文庫ＳＦ／１９９９年
・『シェイクスピア全集 12 タイタス・アンドロニカス』／松岡和子＝訳／ちくま文庫／２００４年
・キェルケゴール『死に至る病』／斎藤信治＝訳／岩波文庫／１９３９年
・『亀井徹画集 ヴァニタス』／河出書房新社／２００９年
・マックス・ウェーバー『権力と支配』／濱嶋朗＝訳／講談社学術文庫／２０１２年
・ジョルジョ・アガンベン『ホモ・サケル――主権権力と剥き出しの生』／高桑和巳＝訳／以文社／２００７年
・ミシェル・フーコー『監獄の誕生――監視と処罰』／田村俶＝訳／新潮社／１９７７年

・ミシェル・フーコー『性の歴史Ⅰ　知への意志』／渡辺守章＝訳／新潮社／1986年
・小林康夫・石田英敬・松浦寿輝＝編『フーコー・コレクション　6　生政治・統治』／ちくま学芸文庫／2006年
・永井良和『スパイ・爆撃・監視カメラ——人が人を信じないということ』／河出ブックス／2011年
・ハンナ・アレント『革命について』／志水速雄＝訳／ちくま学芸文庫／1995年
・デイヴィド・フォーガチ＝編『グラムシ・リーダー』／東京グラムシ研究会＝監訳／1995年
・ジョン・ステュアート・ミル「功利主義論」(『世界の名著49』所収)／関嘉彦＝責任編集／中公バックス／1979年
・キネマ旬報映画総合研究所＝編『3Dは本当に「買い」なのか』／キネ旬総研エンタメ叢書／2011年
・町田聡『しくみ図解　3D技術が一番わかる』／技術評論社／2013年
・デーヴ・グロスマン『戦争における「人殺し」の心理学』／安原和見＝訳／ちくま学芸文庫／2004年
・フランツ・ファノン『黒い皮膚・白い仮面』／海老坂武・加藤晴久＝訳／みすず書房／1998年
・フランツ・ファノン『地に呪われたる者』／鈴木道彦・浦野衣子＝訳／みすず書房／2015年
おわりに
・『美術手帖』2016年7月号／美術出版社
・Stuart Hall and Tony Jefferson ed., *Resistance through Rituals : Youth Sub-Cultures in Post-War Britain*, 1976
・井上貴子・森川卓夫・室田尚子・小泉恭子『ヴィジュアル系の時代——ロック・化粧・ジェンダー』／青弓社／2003年

・ジョン・フィスク『抵抗の快楽――ポピュラーカルチャーの記号論』／山本雄二＝訳／世界思想社／1998年
・成実弘至＝編『コスプレする社会――サブカルチャーの身体文化』／せりか書房／2009年
・ジョアン・フィンケルシュタイン『ファッションの文化社会学』／成実弘至＝訳／せりか書房／1998年
・Malcolm Barnard, *Fashion as Communication*, Routledge, 1996
・宮原浩二郎『変身願望』／ちくま新書／1999年

全体

『月刊ニュータイプ』2011年1月号～2018年2月号／KADOKAWA

※各作品のデータ、ガイドブック、ビジュアルブック、ファンブック、パンフレットなども適宜参照した。
発言・インタビュー等はこれらから引用した。

本書で取り扱ったジャケット画像クレジット一覧

P27—五十嵐卓哉監督『STAR DRIVER 輝きのタクト』
販売元：アニプレックス／ Blu-ray Disc BOX ／ 32,000円＋税
©BONES ／ STAR DRIVER 製作委員会・MBS

P61—幾原邦彦監督『輪るピングドラム』
販売元：キングレコード／Blu-ray Disc BOX〈限定版〉／35,000円+税
©イクニチャウダー／ピングループ

P87—幾原邦彦監督『ユリ熊嵐』
販売元：KADOKAWAメディアファクトリー／第1巻Blu-ray／
7,000 円＋税
©2015 イクニゴマモナカ／ユリクマニクル

P167—大森貴弘監督『デュラララ!!』
販売元：アニプレックス／ Blu-ray Disc BOX ／ 35,000円＋税
©成田良悟／アスキー・メディアワークス／池袋ダラーズ・MBS

※本書に掲載されているBlu-rayの情報は本書発売日現在のものです。
予告なしに変更される可能性がありますので、あらかじめご了承ください。

町口哲生

まちぐち・てつお

文芸評論家。専門は哲学・現代思想。近畿大学では映像・芸術基礎、映像・芸術論、現代の社会論を教えている。著書に『帝国の形而上学――三木清の歴史哲学』(作品社)、『教養としての10年代アニメ』(ポプラ新書)。共著に『知識人の宗教観』(三一書房)、『現代文化スタディーズ』(晃洋書房)、『現代文化テクスチュア』(晃洋書房)、『声優論』(河出書房新社)など。翻訳書にヴァネッサ・ベアード『性的マイノリティの基礎知識』(作品社)、ジャウディン・サルダー他『Introducing メディア・スタディーズ』(作品社)。他、論文・書評など多数。愛犬家で、バセンジーと暮らしている。Twitter : @tetuomachiguchi

ポプラ新書
147
教養としての10年代アニメ　反逆編
2018年3月8日 第1刷発行

著者
町口哲生

発行者
長谷川 均

編集
天野潤平

発行所
株式会社 ポプラ社
〒160-8565 東京都新宿区大京町22-1
電話 03-3357-2212(営業) 03-3357-2305(編集)
振替 00140-3-149271
一般書出版局ホームページ www.webasta.jp

ブックデザイン
鈴木成一デザイン室

印刷・製本
図書印刷株式会社

N.D.C.778/294P/18cm ISBN978-4-591-15832-6

日本音楽著作権協会（出）許諾第1800938-801号

生きるとは共に未来を語ること　共に希望を語ること

昭和二十二年、ポプラ社は、戦後の荒廃した東京の焼け跡を目のあたりにし、次の世代の日本を創るべき子どもたちが、ポプラ（白楊）の樹のように、まっすぐにすくすくと成長することを願って、児童図書専門出版社として創業いたしました。

創業以来、すでに六十六年の歳月が経ち、何人たりとも予測できない不透明な世界が出現してしまいました。

この未曾有の混迷と閉塞感におおいつくされた日本の現状を鑑みるにつけ、私どもは出版人としていかなる国家像、いかなる日本人像、そしてグローバル化しボーダレス化した世界的状況の裡で、いかなる人類像を創造しなければならないかという、大命題に応えるべく、強靭な志をもち、共に未来を語り共に希望を語りあえる状況を創ることこそ、私どもに課せられた最大の使命だと考えます。

ポプラ社は創業の原点にもどり、人々がすこやかにすくすくと、生きる喜びを感じられる世界を実現させることに希いと祈りをこめて、ここにポプラ新書を創刊するものです。

未来への挑戦！

平成二十五年　九月吉日　　株式会社ポプラ社